PLÍNIO MARCOS
a crônica dos que não têm voz

Fred Maia
Javier Arancibia Contreras
Vinícius Pinheiro

PLÍNIO MARCOS
a crônica dos que não têm voz

Copyright © dos autores, 2002
Copyright desta edição © Boitempo Editorial, 2002

Preparação de texto
Joana Canêdo

Revisão
Sandra Brazil
Ana Maria Álvares
Eloísa Aragão Maués

Capa
Jorge Martinez
Sobre foto de Marcos Muzzi

Editoração eletrônica
Antonio Kehl

Produção editorial
Eliane Alves de Oliveira

Fotolitos
OESP

Impressão e acabamento
Geográfica

ISBN 85-85934-84-0

Todos os direitos reservados. Nenhuma parte deste livro pode ser utilizada ou reproduzida sem a expressa autorização da editora.

1ª edição: fevereiro de 2002

BOITEMPO EDITORIAL
Jinkings Editores Associados Ltda.
Rua Euclides de Andrade, 27 – Perdizes
CEP: 05030-030 – São Paulo – SP
Tel. (11) 3875-7285 – Fax (11) 3875-7250
E-mail: editora@boitempo.com
Site: www.boitempo.com

Sumário

CRÔNICAS DE UM TEMPO MAU, *Edelcio Mostaço* 9

A CRÔNICA DOS QUE NÃO TÊM VOZ 15

A voz de Plínio 17
    Os caminhos percorridos 18
    A tensão entre os fatos e a forma de reportá-los 27
    Códigos de linguagem e códigos transgressores 30
    Personagens 35
    Repórter de um tempo mau 37

Um milagre de circo 45
    Nas quebradas do mundaréu 48
    Perdido numa noite suja 51
    Folião das multidões 61

Capítulo censurado 67
    O cerco 69
    Um saltimbanco em defesa do povo 75
    Anjos caídos nas ruas famintas da cidade 78

Caderno de fotos 81

Navalha na rede 97
    Histórias da terra batida 100
    Jabaquaradas 104
    Plínio Marcos *x* crônica esportiva 105

Um olhar sobre Santos 107
    Valentões do Porto 111
    Uma cidade em transe 114
    O "maldito" à casa torna 118

Nossos encontros com Plínio 123

CRÔNICAS COLIGIDAS 125

    Um saltimbanco em busca do seu povo 127
    Impasse estudantil: dia de tensão e medo 130

Desabafo 133
Espiando a violência das grandes cidades 136
Queremos uma lei santa 139
Em causa justa não enjeito pau 141
Na rua alguém me abraça: o censor da peça que escrevi 144
Crônica sem título 146
O homenageado se bronqueou com a homenagem 148
As chuteiras do Jabaquara 150
Cadê o Tom Mix? 153
Um caso de paus e berros 156
A lenda da rainha eterna 159
Esses mestres do teatro 161
A censura de sempre 163
Uma história do cais do porto de Santos 166
Amor e ódio de Bacalhau e Marion 169
O telepata 172
Coisas da vida 176
Pela bola sete 179
Saltimbanco do Macuco 183
Neste domingo me confesso 186
BIBLIOGRAFIA 189

Para Plínio Marcos

Nota da edição

Não conseguimos identificar a autoria de muitas das fotos utilizadas neste livro, pertencentes ao arquivo da família e cedidas por Vera Artaxo e Walderez de Barros. Constarão como pertencentes ao arquivo pessoal de Plínio Marcos, até que os autores dessas fotografias se manifestem.

Em algumas crônicas citadas no livro não constam data ou local de publicação em razão de os recortes originais estarem sem identificação no portifólio de Plínio Marcos, cedido pelo próprio e depois pela família. Como parte dos veículos utilizados não possui arquivo, foi impossível identificar a origem desses textos.

Crônicas de um tempo mau

Edelcio Mostaço

Um retrato muito fiel, que ganha aqui e ali a voz do próprio retratado, o dramaturgo e cronista Plínio Marcos, é oferecido ao leitor interessado nesta controvertida figura da cena nacional. Além de autor teatral consagrado, Plínio Marcos escreveu para jornais e revistas ao longo de toda a sua vida, legando uma produção em prosa pontilhada de tipos humanos os mais interessantes, numerosos testemunhos de sua vida em Santos, além de alta cota de libelos contra a ditadura brasileira entre os anos 1960 e 1980 – quando a luta pela liberdade de expressão era bem mais que retórica.

Neste livro organizado por Javier Arancibia Contreras, Vinícius Pinheiro e Fred Maia, o leitor vai encontrar um estudo introdutório que situa com argúcia tanto o mundo real quanto o ficcional que cercou a produção pliniana e uma seleção dos melhores e mais curiosos textos jornalísticos por ele legados. Invocando a técnica jornalística, os ensaístas desenham análises baseando-se em fatos da biografia de Plínio Marcos e inserem, quando conveniente, depoimentos e testemunhos dos que conviveram com o dramaturgo. Plínio era, sobretudo, uma personalidade e, como tal, torna-se difícil marcar o intervalo entre a história de vida e a obra. As mais amplas significações de seu mundo ficcional encontram-se, sem dúvida, estruturalmente atadas a sua vida e a seus reveses.

Ninguém sabe dizer quantos textos foram escritos por Plínio, entre crônicas, reportagens e demais contribuições para a imprensa. Após o sucesso de suas peças *Dois perdidos numa noite suja* e *Navalha na carne* – entre os anos 1966 e 1967 –, ele foi convidado por Samuel Wainer a escrever uma coluna em *Última Hora*, a partir de 1968. Desde esse momento, e praticamente até o final de sua vida, Plínio esteve presente cotidianamente na imprensa, seja em *Veja, Realidade, Diário da Noite, Opinião, A República, Caros Amigos, O Pasquim, Folha de S.Paulo, Diário Popular, Jornal da Orla* e muitos outros periódicos, enfocando desde futebol até cinema, fazendo entrevistas ou, como veio a ser nacionalmente conhecido, enveredando pelas *quebradas do mundaréu*: esse Brasil polimorfo, tônico e teimoso, subjugado pelas diferenças sociais, pela miséria, pelo abandono, um mundo de excluídos, mas que se conta por milhões.

Autodenominando-se "repórter de um tempo mau", Plínio Marcos pariu e deu voz a uma formidável galeria de criaturas: ternas, líricas, truculentas, vadias, esperançosas, vitais em sua sobrevivência, seres mediatizados pelo real e pelo imaginário, lugar onde a ficção nasce, grande parte das vezes, como um grito de denúncia ou desejo de reconhecimento.

Em autores de produção profícua e multiexpressiva são freqüentes as migrações de temas, situações ou personagens. É o caso de Querô, um garoto de rua da Barra do Catimbó (imaginário reduto santista flagrado num sem-número de crônicas), aproveitado para uma curta novela autônoma e, posteriormente, protagonista de uma peça teatral. Ou mesmo das diversas figuras presentes na peça *Balbina de Iansã*, originalmente concebidas nas crônicas de *Última Hora*. No mesmo sentido apresentam-se as personagens circenses de *O assassinato do anão do caralho grande*, que conheceram, sucessivamente, os formatos da crônica, da novela e da cena teatral. Elas, ainda, ajudaram a compor o volume de contos *O truque dos espelhos*, escritos ficcionais, mas perpassados de episódios autobiográficos de Plínio em sua primeira juventude num circo.

Alimentar uma coluna diária, como bem observou Nelson Rodrigues a Plínio, "não é mole". As seis ou oito laudas em branco constituem um desafio cotidiano que apenas uma imaginação férvida pode aceitar preencher. Mas Plínio tinha histórias de sobra, guardadas na memória de quem nasceu e se criou no Macuco, bairro santista de classe baixa encravado entre a zona de meretrício e o cais do porto. Seus cortiços e casarões deram guarida, nos anos 1940 a 1950, a um formigueiro humano acotovelado entre estreitas portas e janelas; reduto da vida na estiva que engendrava muito suor de sacas de café carregadas, mas, igualmente, muito tempo ocioso para uma população polimorfa que se refestelava no jogo de sinuca, com cerveja gelada e conversa fiada nos botecos e *rendez-vous*. Afamado território de prostíbulos, contíguo ao Macuco, a zona do porto de Santos viu desfilar generosas coxas e seios de trêmula e conspícua carne, a engendrar lendas, atraindo dividendos sonantes em dólares, muita navalhada de rufião, muito sangue esparramado pelas calçadas nas madrugadas de amor ou de vingança.

Ao lado do futebol de várzea, do Carnaval e da irretorquível disposição do santista para a gabolice e o papo-furado, os temas para as crônicas de Plínio Marcos encontravam-se a um clique do *mouse* da memória. E ele soube deixá-los fluir, aflorar nas páginas impressas, nos palcos do Brasil e do mundo.

Os sisudos estudos literários costumam acantonar esse tipo de literatura de cronista na prateleira dos *fait divers*. Ou seja, a dos pequenos temas, assuntos, inspirações, provenientes dos fatos ensejados pelo cotidiano, alçados eventualmente à categoria de texto artístico em função da diversidade, especificidade ou singularidade de recorte que propiciem. Nada muito profundo para gerar um conto ou uma novela, nada muito longo para dar alento a um romance. Esbatido da grande literatura, o *fait divers*, contudo, perturba e incomoda e, na maior parte das vezes, é rejeitado como subliterário ou pseudo-artístico.

O que, talvez, explique a paradoxal situação de Plínio. Autoconsiderando-se um escritor inculto, apenas um repórter maldito, uma pedra no sapato das elites – literárias e sociais –, ele foi rejeitado, pouco considerado, respeitado e mesmo discriminado como criador artístico. Isso embora seu reconhecimento público tenha sido imenso, levando-o a sofrer uma das maiores perseguições censórias da história recente do país, com peças teatrais proibidas, crônicas mutiladas e até uma demissão da revista *Veja*, orquestrada pelos órgãos de segurança do regime militar. Assim, apenas nos anos 1990, Plínio veio a ser objeto de tese acadêmica, *A flor e o mal*, de Paulo Vieira, entre outras.

Neste livro o leitor encontrará a força do *fait divers* pliniano, a singularidade de uma escrita nascida nas esquinas e nos botecos da vida, a vibração ética de uma pena que não se dobrou às contínuas ameaças do poder.

* * *

Em Plínio Marcos, o dramático é um ato espontâneo. Nasce da aguda naturalidade (e mesmo do naturalismo) com que desenha as frases, engendra a ação verbal, grava o pormenor que não poderia possuir outro talhe. Isso advém, quero crer, do mesmo modo como o autor enxergava a vida e vivia os fatos que ela propiciava: pelos olhos e com a sensibilidade de quem está inteiramente na situação, sem mediações, exposto à curiosidade pública como o cru latejamento de um músculo lanhado.

É essa ressonância íntima, bem como as modulações que a atingem e reverberam os fatos, que exprime, com eloqüência, os significados maiores das personagens plinianas. Nem suas peças nem suas crônicas são marcadas pela exuberância da geografia ou a descrição dos deslocamentos, pela engenhosidade do enredo ou a ardilosa teia de intrigas que, costumeiramente, enredam personagens no reino da ficção. Bem ao contrário é a psicologia milimétrica, o pormenor, o detalhe perturbador causado numa ordem que se acreditava estável – geralmente flagrado nas culminâncias de exacerbação ou de seu influxo tônico diante da situação –, que dão vida e alimentam suas criações.

Essa matriz apóia sua expressividade sobretudo na dor, na angústia, no desespero, na dilaceração que corrói a alma (e muitas vezes também o corpo) da personagem; bem mais que nos instantes de júbilo, alegria ou êxtase, embora a gama inteira de sentimentos humanos freqüente sua obra. Em *Barrela*, *Dois perdidos numa noite suja*, *Navalha na carne*, *Abajur lilás* ou *A mancha roxa* – nas quais a ambiência prisional como fato ou metáfora limita os acontecimentos entre quatro paredes –, aquela aludida exploração da minúcia mostra-se em grande estilo, explorada aos estertores. Algozes truculentos e vítimas pisoteadas alternam-se, em cada célula ou lance dos enredos, para escalonarem e desvendarem as intimidades da outra figura; desvendamentos cada vez mais cruéis, pérfidos ou insidiosos, cujos objetivos são levar o outro ao martírio, isolá-lo num cúmulo de solidão e desamparo que, não raro, atinge as raias da condição abjeta. O apogeu destes círculos de tensão é insuflado pelas alternâncias entre as personagens, em que algozes e vítimas intercambiam seus papéis, numa batalha que só terá fim num confronto armado entre as figuras e do qual sobreviverá o mais apto. A dramaticidade de Plínio não admite soluções de compromisso ou acomodamento de situações, apenas o rompimento dos vínculos, a morte ou a supressão de uma das partes geradoras da tensão.

Esse processo metafórico pode ganhar, num ou noutro momento, certa coloração da luta de classes ou, ainda, aproximar-se de um lamarckismo (ou darwinismo?) simplificado, imputando ao mais apto a natural sobrevida no meio que o engendrou. Plínio conheceu e freqüentou o círculo de Patrícia Galvão, a Pagu, e Geraldo Ferraz, em que pôde conhecer outros horizontes e novas perspectivas do mundo cultural. Esse casal de intelectuais centralizou em Santos, entre os anos 1950 e 1960, um ativo grupo teatral por meio do qual Plínio teve a oportunidade de conhecer alguns grandes autores. Ele já havia escrito e encenado *Barrela* quando foi apresentado a Becket (*Esperando Godot*) e Arrabal (*Fando e Liz*), autores tidos em alta estima por Pagu, que os considerava representantes do "teatro filosófico". De fato, algo desses universos absurdos concebidos no além-mar e destilando sentimentos inefáveis – ao lado da desolada situação existencial de suas personagens centrais – parece ter migrado, mas com aguda brasilidade e percuciente pé no chão, para as criações de *Dois perdidos numa noite suja*, *Quando as máquinas param* ou *Balada de um palhaço* – textos em que as duplas de personagens propiciam o ambiente ideal para Plínio expor seu molde expressivo e deixar sua veia dramática pulsar.

Parece ser essa a razão pela qual textos como *Madame Blavatsky*, *Jesus Homem* ou *Balbina de Iansã*, cujos enredos preexistentes o autor teve de obedecer a contrapelo, tenham funcionado como camisas-de-força para o brilho de sua expressão. Não fortuitamente, também, são enredos que demandam muitas personagens e mais de um ambiente cênico a forçarem um desmembramento das situações de conflito. E, nesse molde expositivo, Plínio admitia perder empuxo.

Nas crônicas aqui reunidas, muitos desses elementos de composição poderão ser flagrados. Elas oferecem ao leitor arguto o reconhecimento da plataforma inicial sobre a qual a imaginação do dramaturgo erigia, mesmo que algumas vezes ao modo do croqui, o perfil de uma figura cênica ou o recorte de uma célula dramática a ser ulteriormente lapidada. Suas crônicas possuem o impacto próprio à urgência jornalística, sempre uma corrida contra o relógio, em que as palavras são usadas, ainda que apressadamente ou sem grandes acabamentos de estilo, para saciar a incomensurável fome das rotativas de plantão.

Este ensaio resgatou do limbo muitos textos dispersos ao longo da vida literária de Plínio Marcos, além de ter efetivado uma classificação e seleção que, de outro modo, provavelmente daria como perdidos alguns destes escritos, aqui reunidos pelo viés temático. Essa solução permite lançar um novo olhar sobre tais textos, encadeando-os num fluxo de leitura. Como sonhou Borges, assim compondo outro mapa de histórias extraordinárias.

setembro de 2001

PLÍNIO MARCOS
a crônica dos que não têm voz

A voz de Plínio

Escuta aqui, ô rapaz. Não vai se metendo logo de saída a escrever crônica diária. Vai uma vez por semana até pegar a cancha. Pode ir por mim. Eu conheço os macetes.

Nelson Rodrigues, dramaturgo e cronista, em conversa com Plínio.

O santista Plínio Marcos de Barros trazia a suas crônicas um de seus principais interesses como autor teatral: o retrato dos excluídos pela sociedade e o repúdio do poder em relação a esse panorama.

Como as suas personagens, Plínio era humano, sensível e brasileiríssimo. Conseguia construí-los na margem de sua própria vida. Eles não eram simplesmente talhados para o teatro: na sua carpintaria fica difícil identificar se foram engendrados nos labirintos das coxias ou transmigrados das ruas para as páginas dos jornais. São personagens vivas, saídas do povo, com suas crenças, arte e linguagem.

Gente do Carnaval, do futebol, do candomblé. São porta-bandeiras, apontadores do bicho, pais-de-santo, catadores de lixo, empilhadores de caixas no mercado, meninos de rua, presidiários abandonados em celas, valentes do porto, putas do cais, circenses mambembes, malandros dos bilhares de esquina... Nas crônicas, essas personagens têm voz e se elevam do chão, martirizadas pela violência da miséria em que estão jogadas ou engrandecidas pelo instinto de sobreviver, transgredindo ou fazendo arte, como o próprio Plínio.

Mágicos de circo, craques da várzea, mestres do samba, rainhas do Carnaval. Essa gente simples e esquecida – pelas elites culturais, pela inércia dos poderes públicos, pela inconsistência dos veículos de comunicação – tinha em Plínio um aliado, que a eternizava em personagens líricas, ternas ou trágicas, mas sempre humanas e em luta constante por um lugar ao sol, uma pátria que as honrasse, uma voz.

Com elas, Plínio nos enredava numa atmosfera às vezes brutal mas nunca gratuita, assim como a própria vida. Por esta razão seus textos continuam a ser atuais, pois refletem a sociedade em que vivemos, contraditória em suas mazelas e grandezas. Engana-se quem acha que Plínio quer chocar. A realidade do Brasil é que é trágica.

Difícil *passar batido* ou ficar indiferente ao penetrar a atmosfera de seus textos. Plínio é navalha na carne e, possivelmente por esse motivo, tão perseguido, escamoteado, censurado.

É por isso que, enquanto a sociedade e sua hipocrisia cristã, os poderes públicos infestados de corruptos e corruptores e a elite gananciosa fecharem os olhos e os corações aos pequenos, aos humildes, abandonando-os em celas úmidas, na roda dos enjeitados ou à margem do desenvolvimento, longe da caridade e bondade dos homens e de Deus, a arte de Plínio estará viva e presente. Assim como estará presente quando se fizer justiça!

Os caminhos percorridos

A pena é livre, mas o papel tem dono.
Samuel Wainer, jornalista

Plínio Marcos, além de dramaturgo e escritor, construiu carreira sólida no jornalismo, passando por diversos jornais e revistas como repórter e até editorialista. Mas foi na crônica que seu trabalho conquistou grandeza.

Plínio afirmou que havia sido "inventado" como cronista por seu amigo e jornalista João Apolinário. Começou escrevendo aos domingos para o extinto jornal *Última Hora*, em 1968.

> Para ser honesto, eu entrei pro jornal porque um amigo meu cismou que eu podia dar o recado diário. De saída, me acanhei. Nem de

leve podia supor que conhecesse tantas histórias para garantir uma produção de seis laudas diárias. Estreei na *Última Hora* dominical, contando casos da patota da minha rua de infância, lá de Santos, das transas do meu tempo de soldado da Base Aérea da Bocaina, e das transas de rapaz nas bocas encardidas, dos poleiros das madames, dos cabarés e dos valentes da famosa Ilha de Iemanjá. Deu certo. Mas a grana era muito mixuruca.[1]

Walderez de Barros, atriz de peças de sucesso, como *Madame Blavatsky*, e esposa de Plínio por vinte anos, acompanhou de perto o início de sua carreira como cronista.

Foi o próprio Plínio que procurou espaço nos jornais para escrever suas crônicas. Sempre foi de abrir caminhos. Se não me engano, o Plínio começou escrevendo em alguns pequenos diários. Depois, no *Última Hora*, foi diferente. Ele ficou muito amigo do grande Samuel Wainer e foi ali que acabou se firmando como cronista, porque o Samuel lhe dava espaço. Ali não havia maiores problemas porque tinha uma turma maravilhosa escrevendo. O jornal todo tinha uma postura. Não havia problema algum, ainda mais no ano em que ele começou a escrever os contos curtos. Era só tirar os palavrões, pois naquela época não se podia colocar palavrão no jornal, e pronto.[2]

Um ano depois, "para garantir o leite das crianças", passou a "escrachar" diariamente sobre futebol, arte esportiva popular que conhecia como poucos. Segundo Plínio, era moleza "massacrar os cartolas do futebol paulista". Acabou deixando o cargo tempos depois por se dizer "enjoado" do trabalho.

Quando, por força das grongas dessa vida, precisei até me agarrar em fio desencapado, vim outra vez no *Última Hora* pedir emprego. O seu Torres, editor geral do jornal, então, falou pra eu atacar de historinhas, que era o que ele achava bidu.[3]

Graças a esse período, em que teve de escrever uma nova história todos os dias, Plínio Marcos criou um de seus livros mais consagrados, *Barra do Catimbó*, bairro fictício localizado "nas que-

---
[1] "Mumunhas da profissão", *Última Hora*, 29/9/1972.
[2] Entrevista concedida a Javier Contreras, 20/3/2000.
[3] "Mumunhas da profissão", op. cit.

bradas do mundaréu, bem lá onde o vento encosta o lixo e as pragas botam os ovos". É também dessa época *Balbina de Iansã*, série de crônicas transformadas posteriormente em um espetáculo musical.

Após quase cinco anos no *Última Hora*, entre reportagens especiais, crônicas dominicais e diárias, Plínio foi contratado pelo jornalista Mino Carta para escrever sobre futebol na revista *Veja*. Seu espaço na publicação semanal mais lida do país na época não durou muito. "Forças ocultas", incomodadas com o bombardeio do cronista, que não perdia a oportunidade de criticar desde dirigentes e cartolas do futebol até a ditadura militar e a censura, exigiram a cabeça de Plínio.

A direção da revista exigiu que Mino demitisse Plínio, mas ele se negou e pediu a própria exoneração do cargo. Tempos depois, Mino lançava mais uma revista de informação semanal, a *IstoÉ*.

> Eu que conheço bem o Mino Carta e sei de seu grande senso profissional, posso afirmar que ele não pediu renúncia de seu emprego altamente remunerado por minha causa. Ele faria o mesmo se o atingido pelo corte fosse um contínuo de sua redação e se esse corte não fosse determinado por ele.[4]

Mino Carta, em *O castelo de âmbar*, revela o que realmente aconteceu no episódio da *Veja*, em 1976. No final de 1975, tira férias de três meses e parte para a Itália. Antes, em conversa com Victor Civita, presidente da editora Abril, deixa claro que, mesmo em férias, não permitiria que alterações fossem feitas na linha editorial da revista. Para tanto, foi-lhe oferecida a criação de um "protocolo" para que não houvesse problemas em sua ausência. No livro, Mino escreve sobre si próprio em terceira pessoa.

> A rapidez com que pai e filho [Victor e Roberto Civita] apresentam uma solução para o problema é suspeita, e nem por isso Mino se abala. Os dois estão preparados há tempo para esta conversa, é óbvio. No entanto, os botões do diretor de *Veja* permanecem em estado de absoluta indiferença quando Vici [Victor Civita] esclarece:
> – Faremos um protocolo para garantir o sossego de suas férias.

---
[4] "Na aldeia do desconsolo", *Diário do Povo*, s. d.

Protocolo? Que nome ridículo, pensou Mino. Mas lhe faltou ânimo para uma daquelas tiradas que despertavam o inesperado sorriso do diretor responsável. E se fez o protocolo, colaborou o próprio Edgard Faria [advogado e diretor responsável da editora Abril] para lhe dar a forma de documento juridicamente válido. Pontos principais: Mino seria substituído em tudo e por tudo pelos dois redatores-chefes, José Roberto Guzzo e Sérgio Pompeu; a linha da revista não sofreria a mais pálida modificação; ninguém, empregado ou colaborador, poderia ser demitido por razões político-ideológicas. Não estaria a salvo, está claro (mas como seria bom o contrário), quem, por exemplo, desferisse um louvável pontapé nos fundilhos de Roberto Civita.

Mino partiu para Roma – naturalmente – nos últimos dias de 1975, com data marcada para o retorno à redação no dia 1º de abril do ano seguinte, quando caducaria o protocolo.[5]

Mino retornou de viagem antes do esperado, em 23 de janeiro de 1976. Ao chegar em sua casa, recebeu um telefonema.

Era a secretária do Civita pai. O patrão convocava Mino para uma conversa urgente. Ele foi, para ouvir Vici decretar:
– Você precisa demitir Plínio Marcos, já!
Mino não tinha tido tempo de sentar-se, sentou-se.
– Como?
– Demitir Plínio Marcos – repetiu o patrão. – Por quê?
A censura está para sair de *Veja*, garante Vici, a demissão de Plínio Marcos é o que falta para encerrar o assunto (...).
– Seu Victor, assinamos o protocolo – lembrou. O *chairman* parecia ter esquecido o documento.
– Que está dizendo? – inquiriu, áspero.
Paciente, Mino recordou que o protocolo vigorava até 1º de abril.
– Até lá – disse –, as coisas ficam como estão, depois faça o que bem entender, mas despeça a mim antes de Plínio Marcos.
– Não – exclamou Vici –, você demite. – E sublinhou "você", com ênfase. Ao cabo, perguntou:
– O que o leva a crer que a censura está saindo da *Veja*?
E ele, prontamente:
– Errecê [Roberto Civita] esteve ontem em Brasília com o Falcão [Armando Falcão, ministro da Justiça do governo Geisel], está tudo acertado.

---
[5] Carta, Mino, *O castelo de ambar*. Rio de Janeiro, Record, 2000, p. 186.

– Sinto, seu Victor, mas o protocolo tem de ser respeitado até 1º de abril. Não abro mão do protocolo.
– Mas como? Até o Tratado de Versalhes foi rasgado...
– Fico surpreso com esta lembrança – disse Mino, e imaginou que, estivesse ali, o diretor responsável não evitaria um sorriso –, mas que o senhor, judeu, se refira ao Tratado de Versalhes é de pasmar...
Vici não entendeu, ou fingiu. (...)
– Demita Plínio Marcos! – mandou Victor Civita.
– Demita o senhor, até logo e passar bem. – Mino deu-lhe as costas e saiu da sala. No andar de cima o esperavam redatores-chefes e editores, Mino se viu na condição de repórter e a cumpriu com concisão. Seu nome saiu do expediente na edição seguinte e foi proibido seu acesso ao Edifício Abril.[6]

Após quase um ano em silêncio, Plínio recebeu o convite do jornalista Tarso de Castro para escrever no grupo Folha. Nesse período começava a dar palestras em universidades paulistas e teve as peças *Dois perdidos numa noite suja* e *Navalha na carne* encenadas pela primeira vez no exterior. Enquanto esteve na *Folha de S.Paulo*, escreveu para os cadernos Ilustrada e Folhetim e para o jornal *Folha da Tarde*.

Sobre isso, Walderez de Barros comenta:

O Samuel [Wainer, jornalista] tem uma frase ótima: "A pena é livre mas o papel tem dono". Mas o Plínio era muito irreverente e não ficava pensando nos Frias [família que dirige o jornal] quando escrevia nas *Folhas*. E ele continuava denunciando, incomodando muita gente e geralmente era demitido.[7]

Além de atuar em grandes veículos, Plínio também deixou sua marca nos combativos jornais alternativos *Pasquim*, *Versus* e *Opinião*. Dentre os diversos jornais nos quais Plínio colaborou, estão: *Diário da Noite*, *Hora do Povo*, *Diário do Povo* (Campinas), *República* e *A Época*. Em revistas, escreveu para *Realidade* (para a qual também contribuiu com contos-reportagem), *Veja*, *Ele & Ela*, *Placar*, *Atenção*, *inTerValo 2000*, *Viaje Bem*, *Status*, entre outras.

---

[6] Idem, ibidem, p. 189-190.
[7] Entrevista concedida a Javier Contreras, 20/3/2000.

Walderez de Barros conta que nessa época a crônica era uma das formas de sobrevivência de Plínio:

> Era uma válvula de escape, mas também servia como uma retaguarda financeira. Era o que nos sustentava naqueles anos. Plínio escrevia diariamente para vários jornais, de madrugada ou pela manhã quando acordava. Sempre escrevia à mão. Eu batia à máquina e ele levava pro jornal. O mais engraçado é que houve uma época em que ele viajava tanto que passou a ditar a crônica pelo telefone, dizendo: "Escreve isso aqui, inventa, junta com outra". Sempre acabava saindo alguma história nova. [risos][8]

Mesmo nessa época de grande produção em jornais e revistas, Plínio não conseguia segurar os vetos incessantes de seus textos pela ditadura militar.

O diretor e ator teatral, também santista, Tanah Corrêa atenta para um fator importante: a censura da crônica de Plínio.

> Quando escrevia crônica nos anos 1960 e 1970, Plínio geralmente era demitido porque ele mostrava as mazelas que o povo brasileiro passava e ainda passa. E, por toda a pressão da ditadura, ninguém queria que fosse mostrada a realidade vivida pelo povo. Além de tudo, o jornal diário tem muito mais alcance que o texto teatral. No teatro se tem uma limitação de pessoas, já no jornal, não. São milhares de pessoas que lêem. Então chegou o momento em que ele também começou a incomodar por meio de sua crônica.[9]

Com tudo isso pesando na balança, a pressão da censura passou a influenciar o andamento de seu trabalho como jornalista e Plínio foi "empurrado" para uma nova função nas redações: a de "crítico" de cinema.

Apesar de já ter contribuído para o cinema com argumentos para as produções de *Rainha diaba* e *Nenê Bandalho*, e de duas de suas peças, *Dois perdidos numa noite suja* e *Navalha na carne*, terem sido transformadas em filmes, Plínio nunca se estendeu mais sobre a temática cinematográfica. Mas a propósito desse momento, o próprio Plínio pode falar:

---

[8] Idem, ibidem.
[9] Idem, 17/9/2000.

> Eu, que já tive meus dias de glória como comentarista de comportamento, quando podia deitar e rolar, e que, de tanto escancarar, sem a menor cerimônia, o que meus olhos que a terra há de comer um dia viam, no fim do ano não ganhava nem folhinha; eu, que já tive meus dias de glória como comentarista esportivo e que, por conhecer o ramo, com toda a embaixada de quem fez e aconteceu na ponta esquerda de muito timão, ia sempre revolvendo os podres, sempre tendo que comprar meu ingresso para assistir até as mais cabulosas peladas; eu, que como repórter de um tempo mau fiz a terra tremer várias vezes, me vejo agora reduzido a comentarista de cinema, arte que não conheço, embora já tenha feito vários argumentos e diálogos para filmes e tenha, também, participado como ator de algumas películas nacionais (...). O que quero contar é que devo levantar as mãos para o céu e agradecer Oxalá, nosso pai, por ainda ter espaço numa revista pra falar de alguma coisa. Mesmo que essa coisa seja cinema. Mas, por favor, tu aí, nota bem, eu não sou contra o cinema. Longe de mim ser contra tão importante veículo de comunicação. Sou contra as discussões estéticas que, nos dias que correm, resultam sempre em puro escapismo de intelectualóide, marginal de classe média, que faz das tripas coração pra ganhar *status* pela cultura.[10]

Essa crônica mostra o quanto Plínio, mesmo empurrado pela ditadura para a função de crítico de cinema, ainda conseguia incomodar os governantes de plantão, retratando aspectos de intervenção e degradação na cultura nacional.

A partir dessa época, Plínio começou a ser prejudicado ainda mais pelo jogo do poder. Os anos 1980 estavam surgindo, e o início de uma pseudodemocratização no país pareceu acanhar muita gente. A atriz Walderez de Barros fala um pouco mais sobre esse momento:

> O Plínio cumpriu o que prometeu. Ele veio pra incomodar e realmente incomodou, mas teve que pagar o preço por isso. Na década de 1980, o Plínio manteve sua coerência enquanto grande parte das pessoas foi procurar sua turma, cuidar da vida achando que tudo já estava melhor e tal. Ninguém se interessava por alguém que continuava denunciando, lutando e falando. A década de 1980 foi a década dos

---
[10] Arquivo pessoal do autor.

yuppies e esse tipo de pessoa não está interessado em Plínio Marcos. Já na década de 1990 começaram a se interessar novamente porque viram que a coisa continuava de mal a pior.[11]

Vera Artaxo, jornalista e companheira de Plínio em seus últimos anos de vida, conta que a partir de sua luta individual ele se transformou muito na década de 1980. Em certo ponto abandonado, Plínio se entregou a uma reflexão mais filosófica e religiosa de sua própria vida e do ser humano. Durante essa época, produziu textos como *Madame Blavatsky* e *Jesus Homem*, além de escrever durante alguns meses crônicas diárias sobre esoterismo no extinto *Diário Popular* (SP) e dedicar parte de seu tempo ao estudo do tarô.

Na época da ditadura, todos os jornalistas e artistas tinham um inimigo em comum que era o governo militar. Com a abertura, as pessoas se compuseram, cada um tomou o seu rumo e se foi. Ele não tinha mais pares como antes. Era um dos artistas de frente, que gritava mais alto, e a voz dele serviu para muita gente durante muito tempo, porque as idéias eram comuns. Com a abertura, no teatro, por exemplo, foi cada um por si. Formava-se a lei de mercado. As pessoas começaram a conseguir patrocínios... Mas ele nunca teve essa facilidade. Sempre foi muito difícil montar Plínio Marcos. Foram anos difíceis em que ele viveu exclusivamente da venda de seus livros e mergulhou fundo no esoterismo e no tarô que, ao lado da religiosidade, eram coisas muito presentes nele, mesmo porque seu pai já havia fundado a banca espírita em Santos e suas avós eram benzedeiras... Isso era algo forte em seu espírito, mas na época da ditadura, ele preferiu não abordar o assunto porque achava que seria puro escapismo e naquela época havia contra quem lutar. Mas mesmo assim, ele não deixava de colocar esses sentimentos nas peças que escrevia. D. Hélder, por exemplo, achou em *Dois perdidos* uma religiosidade muito forte, assim como em *Navalha*. Algumas pessoas conseguiam enxergar isso, mas a maioria não. No entanto, esses aspectos nunca estiveram dissociados na obra do Plínio, só que em alguns momentos ele escrevia de uma maneira mais evidente.[12]

---

[11] Entrevista concedida a Javier Contreras, 20/3/2000.
[12] Entrevista concedida a Javier Contreras e Vinícius Pinheiro, 30/10/2000.

Tanah Corrêa, que fez parte do Bando, grupo teatral liderado por Plínio em meados dos anos 1980, também comenta sua opinião sobre essa época:

> A partir do momento que a censura e o governo militar passaram a entrar na fase da democratização que se instalava no Brasil, a temática do texto do Plínio ficou um pouco diferenciada. Falando de teatro: o Plínio nessa época escreveu textos brilhantes como *A mancha roxa* e *Madame Blavatsky*, mas em um contexto diferente. Seus textos passaram a ter uma temática mais dirigida ao raciocínio do homem. Não que ele tenha deixado de colocar a marginalidade em cena. Para isso, basta lembrar de *Mancha roxa*. No entanto, ele escreveu outros textos, como *A dança final*, *Madame Blavatsky* e, mais recentemente, *O homem do caminho*, que remetem à reflexão do ser humano. Quando o Plínio passou a discutir mais filosoficamente e espiritualmente o homem em si, foi algo tão forte quanto suas primeiras peças, só que não muito percebido pelo grande público.[13]

Ao que parece, a trajetória do teatro confirma o mesmo caminho tomado pela crônica, pois Plínio passou a perder o espaço que tinha em diversos veículos de informação. Ressalta-se uma curiosidade: apesar de ter atuado como cronista em diversos veículos de comunicação, Plínio, até cerca de dois anos antes de sua morte – em novembro de 1999, aos 64 anos de idade e mais de trinta escrevendo crônicas –, nunca teve espaço nos jornais da cidade onde nasceu. Em 1997, pela primeira vez Plínio Marcos contribuiu com periodicidade para um veículo de Santos. A coluna "Janela santista" do *Jornal da Orla* – publicação semanal de distribuição gratuita na região – trazia histórias e apresentava o olhar do cronista sobre a cidade onde nasceu e cresceu, coisa que sempre fez questão de mostrar em suas peças, seus textos e nos jornais em que colaborou.

> Pois é, esse sou eu: saltimbanco do Macuco, meu bairro querido, o bairro da minha vida, o pedaço de mundo que me deu tutano, sustento e energia, o pedaço de mundo que forjou em mim o amor à vida e a vontade de lutar contra qualquer opressor. Por ser do Macuco,

---
[13] Entrevista concedida a Javier Contreras, 17/9/2000.

me fiz guerreiro. Por ser guerreiro, me fiz lutador pela liberdade de expressão. Por tudo isso, escrevi *Barrela* e, depois dela, um monte de peças.[14]

O *Jornal da Orla* e a revista mensal *Caros Amigos*, ambas opções alternativas no mercado editorial, foram os últimos veículos em que Plínio colaborou como cronista. Pouco antes, ainda nos anos 1990, Plínio tentou abrir espaço na televisão, mas seus projetos, inclusive o de uma novela, eram constantemente vetados. Carlos Pinto, jornalista, produtor teatral e amigo de infância de Plínio Marcos em Santos, mata a charada:

> Com um trabalho diário, o Plínio era sinônimo de muito perigo para os poderosos. A importância de sua obra é que atinge a todas as camadas. É uma linguagem acessível. E esse foi e ainda é o medo deles. Ninguém que tem o rabo preso quer se ver retratado por um escritor como o Plínio Marcos. O que se teme no Plínio é a palavra e essa, realmente, tem mais força do que qualquer canhão.[15]

A tensão entre os fatos e a forma de reportá-los

> *O cronista de jornal é a única pessoa que tem o privilégio de dizer eu.*
> Carlos Drummond de Andrade, poeta

Uma das peculiaridades da crônica de Plínio Marcos é o caráter memorialista de sua narrativa. Mesmo escrevendo em jornais e revistas de circulação nacional, não deixou de contar as histórias da sua gente. Ao mesmo tempo em que fincava uma estaca no passado, Plínio tinha um compromisso indissolúvel com o presente e com o futuro.

Como cronista, Plínio tinha a liberdade de escrever sobre o que quisesse. Não precisava estar atrelado à manchete ou ao noticiário

---
[14] "Saltimbanco do Macuco", *Jornal da Orla*, 3/10/1999. Ver, neste livro, p. 183.
[15] Entrevista concedida a Javier Contreras, 14/11/1999.

do dia. Por isso, em alguns momentos, colocava-se no divã, criticando-se e apontando alternativas para continuar seu caminho.

"Neste domingo me confesso", texto escrito para o jornal *Última Hora*, é uma belíssima reflexão sobre sua angústia e seu comprometimento com a causa dos "sem voz":

> Eu sei de mim muito pouco. Mal me vejo e quase nem me reconheço. Em que atalho do caminho me perdi? Por que minha consciência está entorpecida? Por que só raras vezes a velha chama me brota no peito? Eu me abro com todos. Se eu não for sincero, estou para sempre perdido (...).[16]

A crônica como desabafo sempre foi uma das particularidades de Plínio. Aqui, o texto funciona como um diário, um retrato da angústia sentida pelo homem Plínio Marcos. Ao mesmo tempo que deixa explícita a sociedade que fecha seus olhos aos menos favorecidos, Plínio mantém sua postura de cronista e se envolve de forma única com o tema abordado. Talvez, mais forte do que o próprio exercício da escrita é a revelação da alma de quem sente emoções diferenciadas a cada instante e as revela sem nenhuma máscara ou pudor.

Em outro momento de sensibilidade, Plínio publicou em crônica uma conversa com seu filho Leonardo (Léo Lama, hoje também dramaturgo), à época com 12 anos.

> Meu filho Leonardo, de 12 anos, um bom zagueiro de área, chega pra mim e declara:
> – Pai, vou ser um escritor de contestação.
> – Vai ser o primeiro beque do mundo a escrever alguma coisa.
> – Vou.
> – E sobre o que você vai escrever?
> – Sobre nossa família.
> – Bom assunto. Você conhece bem todos nós e pode nos retratar com muita verdade.
> – É.
> – Só que tem um porém.
> – Sempre tem um porém.

---

[16] "Neste domingo me confesso", *Última Hora*, s. d.

– É isso aí. E o porém desse caso é que, se eu não gostar da tua história, tu leva um cascudo.
– E se você gostar, o que eu ganho?
– Um cascudo.
– Mas qual é?
– Sabe, garotão, escritor de contestação, quando agrada, é um lixo que só merece cascudo. Mas quando acerta incomoda muita gente e também recebe montes de cascudos.
– É duro então?
– Se fosse mole tinha um monte de gente na parada. Mas muito mais duro é meter o galho dentro e não escrever absolutamente sobre o que se acredita. A censura é um constante cascudo em quem critica a sociedade, em quem contesta a hipocrisia da sociedade, enfim, um cascudo em quem não se acomoda (...).[17]

Aqui também se percebe que, mesmo contando um inocente e casual diálogo com seu filho, o cronista não deixa de ressaltar a realidade e o momento político-social a seus leitores.

A percepção para captar as principais distorções da sociedade da qual foi marginalizado e até antecipar acontecimentos – outra característica de Plínio nas crônicas – marca definitivamente o escritor como um dos grandes colaboradores para a desmistificação da recente história brasileira, principalmente por tê-la vivido à flor da pele. A crônica "Como se faz na aldeia do desconsolo", escrita há mais de vinte anos pode ser encarada como um retrato atual.

Os atos de exceção, a censura, a importação de cultura de consumo ocupam quase que totalmente nossos veículos de comunicação social e são, sem dúvida alguma, responsáveis pelo obscurantismo que envolve nosso país. E é, naturalmente, em face a esse obscurantismo que o homem comum se desacorçoa, desacredita dos órgãos de reivindicação coletiva, perde as perspectivas de participar da vida política, social e econômica da nação, e tenta resolver sozinho os problemas do dia-a-dia.[18]

É verdade que o país mudou muito pouco nos últimos vinte anos, principalmente no campo político, apesar da abertura e da

---
[17] "Um pequeno diálogo com meu filho Nado", *Folha de S.Paulo*, Ilustrada, 16/7/1977.
[18] "Como se faz na aldeia do desconsolo", *Folha de S.Paulo*, Ilustrada, 26/8/1977.

reconquista da "liberdade de expressão". O que destaca a crônica de Plínio, no entanto, é a coragem de revelar a tensão de todas essas fases mesmo sob as condições mais adversas, quando muitos se calaram.

Códigos de linguagem e códigos transgressores

> *Banida do texto jornalístico, a emoção foi considerada cafona, desnecessária, primária.*
>
> Carlos Heitor Cony, cronista

Para reconhecer um texto de Plínio Marcos não é necessário ler mais de dois parágrafos. Sua linguagem é tão peculiar quanto seu teatro, e também quanto a sua vida. Nele, vida e obra jamais serão coisas distintas e é possivelmente aqui que reside a contradição.

Um dos elementos recorrentes no texto de Plínio é o uso da gíria, e o forte de sua escrita é a temática marginal. Plínio optou por escrever sobre temas e personagens que estão à margem da sociedade. Essa opção lhe custou o rótulo de "escritor marginal". Um rótulo sem dúvida equivocado, uma vez que o coloca à margem por algo que era sobretudo uma atitude estética. Tomemos emprestada uma análise do poeta Glauco Mattoso, estudioso do tema, para tentar entender a questão:

> A palavra marginal, sozinha, não explica muito. Veio emprestada das Ciências Sociais, na qual era apenas um termo técnico para especificar o indivíduo que vive entre duas culturas em conflito, ou que, tendo-se libertado de uma cultura, não se integrou de todo em outra, ficando à margem das duas. Cultura, no caso, não significa grau de conhecimento, e sim padrão de comportamento social. Foi nesse sentido, de elemento não integrado, que passou da Sociologia para o linguajar comum: um delinqüente, um indigente, e mesmo qualquer representante de uma minoria discriminada foram classificados de marginais. Tudo que não se enquadrasse num padrão estabelecido ficou sendo marginal: cabelo comprido, sexo livre, gibi, gíria, *rock*, droga e outras bandeiras recentes que tipificaram um fenômeno de rebeldia de novas gerações

ocidentais denominado justamente contracultura. Tratando-se de arte, toda obra e todo autor que não se enquadram nos padrões usuais de criação, apresentação ou veiculação seriam também marginais.[19]

Plínio também desenvolveu uma literatura carregada de conceitos, elementos, signos que atravessam a cultura popular, que é dinâmica e diversa no Brasil. São muitos Brasis: geográficos, éticos, sociais. O que os mantém costurados como numa colcha de retalhos é a língua, o idioma, que é o mesmo do Oiapoque ao Chuí. Mas são muitas as possibilidades desta língua, deste idioma, nesses Brasis. Plínio vai se debruçar sobre a linguagem de sua gente, particularmente a gente do cais do porto de Santos e do mundo que o cerca. O elenco de personagens é riquíssimo, como são riquíssimas suas falas e expressões.

> Eu, por essa luz que me ilumina, não fazia nenhuma pesquisa de linguagem. Escrevia como se falava nas cadeias. Como se falava nos puteiros. Se o pessoal das faculdades de lingüística começou a usar minhas peças nas suas aulas e pesquisas, que bom! Isso era uma contribuição para o melhor entendimento entre as classes sociais.[20]

Narciso de Andrade, poeta, cronista santista e amigo do dramaturgo, comenta o estilo de Plínio:

> Plínio não possuía nenhuma técnica quando escrevia. Talvez ele não fosse o maior escritor do mundo, tecnicamente falando. Mas sua obra crescia muito pela autenticidade com que escrevia. Mesmo o Nelson Rodrigues não tinha a técnica do diálogo do Plínio. Era o mais autêntico que poderia ser dentro de sua realidade. Aquilo que escrevia era sua visão do mundo e o que realmente saía dele.[21]

Entender a dicção dessas personagens, que Plínio tomava emprestada para suas histórias, requer do leitor o entendimento do mundo em que eles vivem. O leitor precisa se despir primeiro de toda carga literária que carregue e, depois, dos medos e preconceitos contra aquilo que realmente o povo evoca e canta.

---

[19] Mattoso, Glauco. *O que é poesia marginal.* São Paulo, Brasiliense, 1981. p. 7-8.
[20] "Gíria é para quem sabe das coisas", *Última Hora*, 18/3/1974.
[21] Entrevista concedida a Javier Contreras, Fred Maia e Vinícius Pinheiro, 29/9/1999.

Entender o cronista Plínio Marcos pressupõe entender a linguagem que ele trouxe, em boa parte, dos tempos de suas desventuras nas bocas encardidas, nos cabarés, no convívio com os malandros e o pessoal da estiva santista.

Entretanto, mesmo quem não teve o privilégio de nascer ou morar na Ilha de Iemanjá é capaz de adentrar sem problemas no universo do cronista. Aquele que for sensível aos anseios do povo brasileiro e às formas que ele encontra para se expressar – ainda que na adversidade – está pronto para partilhar a estética transgressora de Plínio.

> Quem me interessa é a patota que se embala e se agarra nas coisas com unhas e dentes. Esses que fuçam nas cocheiras. Que fazem das tripas coração pra discutir uma partida de futebol. E apesar de tudo, agradecem aos seus orixás por estarem vivos. Amam até as últimas conseqüências. Matam e morrem por um amor contrariado. Porém, nunca recusam o amor, nem curtem a fossa. É o povão.[22]

Plínio queria esse público, afinal veio do povo. Foi estivador, funileiro, jogador de futebol, palhaço de circo e camelô. Ele sabia que o povo retratado em suas crônicas o entendia como ninguém. Ao mesmo tempo que supostamente restringia o entendimento do leitor, Plínio amplificava os horizontes da linguagem. Para a opção estética de Plínio, parece caber outro toque de Glauco Mattoso: "Seria marginal por representar uma recusa de todos os modelos estéticos rigorosos, sejam eles tradicionais ou de vanguarda, isto é, por ser uma atitude antiintelectual e portanto antiliterária".[23]

Plínio resumiu em crônica seu linguajar de forma concisa e objetiva: "A gíria é uma forma de linguagem muito inteligente. Ela é usada sem nenhum trato, sem combinação, sem regra. Ou é entendida, ou não. Ninguém explica"[24].

Exemplos de textos carregados de códigos transgressores e marginais não faltam. O mais difícil é escolher um que retrate um pouco do que foi dito até aqui.

---

[22] "Quem conta um conto...", *Última Hora*, 18/1/1972.
[23] MATTOSO, Glauco, op. cit., p. 7-8.
[24] "Gíria é pra quem sabe das coisas", op. cit.

Foi uma noite em que caiu um molho sentido. Parecia que o céu vinha abaixo. Mas, era dessas chuvas de praia. Que arria pra valer, mas dura cinco minutos. Essa chuva foi curta, porém espantou os vagaus. Todos deram de pinote. Só ficaram uns seis ou sete, que não tinham bulhufa pra fazer. Se enfurnaram num boteco e ficaram batendo caixa...[25]

Para quem ainda não "se ligou na pala", a seguir um pequeno roteiro para entender Plínio Marcos. Dependendo da crônica a ser lida, o sentido pode variar um pouco, mas, em linhas gerais, o significado da palavra é mantido na maioria dos textos.

Abilolado – vidrado, pirado da cuca
Araque – mentira, grupo
Badulaques – bugigangas
Bandola – volta
Bater caixa – conversar
Beliscar – ganhar
Berbas – bordas, em cima
Biaba – pancada, surra
Bicar – pegar
Bidu – bacana, bom, certo
Botucas – olhos
Chapados – cheios
Chibaba – maconha
Churro – bolso
Contravapor – soco
Curriola – grupo, turma
Cururu – otário, infeliz
Deschavos – descontos, facilidades
Dica – lema
Draga – revólver
Encanchar – contratar, admitir
Engrupir – enganar
Entruchar – dar
Entrutar – enganar

---
[25] "Quem não pode não põe banca", *Última Hora*, 3/11/1968.

Escrachar – contar, avaliar
Esparro – trouxa
Espiantar – fugir, correr
Estarrar – assaltar
Fajutar – enganar
Gango – grupo, bando
Grampear – matar
Gronga – azar
Grota – bom, leve
Guanacos – guardas civis
Janela – olho
Lavagem – resto de comida
Loque – trouxa
Majuras – azarados
Mandarins – donos
Matusquela – louco, doido
Melado – sangue
Miar – sofrer
Morisqueta – exatidão, precisão
Mumunha – segredo, manha
Na cola – junto, rente
Naifa – faca
Napa – nariz
Pedal – apoio, escora
Perereco – confusão
Perpétua – dinheiro, nota
Pichulés – trocados, dinheiro miúdo
Pistoleiras – prostitutas
Puça – rede de pescar siri
Rango – comida
Sarrafo – agressão, soco
Sonados – alienados
Sonante – dinheiro
Vagau – vagabundo, malandro
Vinagre – miséria, lona
Xavecar – engrupir, dissuadir
Zurrapa – ralé, plebe

Personagens

Nesta vida, até as pedras se encontram.

Mestre Zagaia, velho cabo de esquadra

São numerosas as personagens criadas ou "apropriadas" por Plínio em suas crônicas. Do submundo das cidades às quebradas do mundaréu, a força do autêntico prevalece sobre as linhas dos jornais diários.

Apesar da enorme galeria de tipos retratados, somente alguns ganharam destaque e continuidade em suas colunas. No entanto, em todos os assuntos abordados, o cronista buscava uma personagem como "loque". Nas crônicas esportivas, por exemplo, publicadas diariamente no jornal *Última Hora*, o alvo preferido era Lau Barbeiro, que, segundo Plínio, era o único torcedor do Juventus (SP) que conhecia. Os diálogos do autor pelo telefone com a personagem Beth Hippie, a Sujinha, no mesmo jornal, eram uma forma de questionar a cultura jovem da época e também tiveram seqüência. Plínio nunca esclareceu se essas personagens realmente existiram.

Já Carlito do futebol, craque do Jabaquara – equipe de futebol da Baixada Santista e do coração de Plínio – e do time juvenil do São Paulo, freqüentemente citado nas crônicas esportivas, não só existe, como era amigo do cronista. Carlito é hoje juiz de direito e conhecido no meio jurídico como doutor Carlos Aluísio de Canelas Godoy. Nas horas vagas, ainda atua em times de veteranos pelo Brasil afora.

Algumas personagens tomaram especial destaque nas crônicas. Presente em todas as fases, nos veículos e assuntos tratados por Plínio, Mestre Zagaia é o observador que tudo sabe e tudo vê, criado para dizer as falas, os ditos e motes populares.

> O velho cabo de esquadra navegou pelas sete águas barrentas, sempre contra a maré, e bateu perna à toa pelos caminhos estreitos, estranhos e esquisitos do roçado do bom Deus, encarou catimbas de assombrar até os negos de patuá de axé plantado na África e confirmado na Bahia, embrulhou sua solidão em encardidos poleiros das madames do cais dos portos mais tristes.

Todos sabem que Mestre Zagaia aprendeu a ver o que um nego que está atucanado nos salseiros do dia-a-dia não vê. E é isso que o criouléu vem fazer ao pé do Mestre Zagaia, que é olho do povão lesado da sociedade. O farol dos ignorantes e dos miseráveis.[26]

Os ensinamentos da "Tabuada das Candongas do Mestre Zagaia" eram freqüentemente utilizados por Plínio e suas personagens. Na crônica "Amor e ódio de Bacalhau e Marion", por exemplo, o velho Mestre deixa seu recado:

> A crioula queria botar a mão na bufunfa e cair fora da piorada que levava. O cutruco era o seu pedal. A Marion se guiava pelas dicas da Tabuada das Candongas, onde Mestre Zagaia dá sua pala: "Trouxa não precisa de grana". E se Mestre Zagaia diz, é porque é.[27]

Melhor do que fazer uma análise fria e erudita sobre essa gente, que está em todos os lugares e no inconsciente coletivo, mas esquecida por governantes, jornais e até por nós mesmos, é vê-la em ação nos textos do cronista.

Plínio fez na crônica "Mumunhas da profissão" um desfile dessas personagens populares por ele criadas. Para tanto, teve de criar a Barra do Catimbó quando as personagens retratadas em seus textos, que foram retirados diretamente de seu cotidiano, começaram a "estrilar" pelo fato de serem utilizadas com os nomes verdadeiros.

> Pra evitar esculacho, criei a Barra do Catimbó, onde passei a fazer acontecer todos os salseiros. E aos poucos, me apaixonei pela Barra do Catimbó. Fui criando personagens que, de início, eram baseados nos tipos que conheci na minha cidade querida, mas que, aos poucos, foram crescendo, ganhando características próprias e, acreditem ou não, se formavam quase sozinhos, indiferentes à minha influência.[28]

O sucesso da favela e suas personagens foi tão grande que quase virou novela de televisão. Darcy Gonçalves chegou a gravar o primeiro capítulo no papel da fofoqueira Cotinha, na extinta TV

---

[26] "Mestre Zagaia escuta o povão", *Última Hora*, 28/3/1972.
[27] "Amor e ódio de Bacalhau e Marion", *Relax*, 7/1977. Ver, neste livro, p. 169.
[28] "Mumunhas da profissão", op. cit..

Tupi, mas a censura do governo militar impediu, mais uma vez, Plínio Marcos de trabalhar.

Nega Bina Calcanhar de Frigideira, que no começo era só mulher do crioulo Catimbó, fundador da Barra, e que ganhou importância quando mataram seu marido. Oscar Vaselina, eterno candidato a vereador, malandro bem-intencionado, mas que, por viver na dureza, sempre se vê obrigado a apelar e roubar a grana das promoções filantrópicas que inventa, nos clubes que forma, e que se desprestigia por essas e outras. Seu Olegário, Seu Azulão, Mané Cheiro de Peixe, Mãe Begum de Obá, Chupim, Pé de Bicho, Intrujão Guegué, Bolinha do Mobral, Dona Cotinha Fofoqueira, Quim Ilhéu, Azevedo do Apito, Valdo Camelô, Catulé Sambista e tantos outros que têm entrado nessas minhas histórias, se tornaram queridos pra mim e também pra alguns dos leitores.[29]

Essas personagens têm a cara do Brasil, pelo realismo com que foram engendradas, mas também pelo lirismo e pela sabedoria. Representam na voz de Plínio "o povão que berra da geral sem nunca influir no resultado", gente lesada da sociedade, miserável, mas alegre, apaixonada, violenta e terna. Na mesma crônica, Plínio arremata:

> Eu os amo por serem frágeis, diante dos duros combates do dia-a-dia, mas que não se rendem nunca... Por fim, o que quero dizer é que já pensei, e penso muito, chego a ser atormentado por essas figuras, para meter tudo isso no palco de um teatro.[30]

Repórter de um tempo mau

*Eu, como repórter de um tempo mau,
fiz a terra tremer várias vezes.*
Plínio Marcos

Em suas desventuras pelos caminhos do jornalismo, Plínio se viu diante das mais diferentes funções. Além de cronista, o "repórter de um tempo mau", como gostava de se intitular, fez as mais

---
[29] Idem, ibidem.
[30] Idem, ibidem.

variadas reportagens e entrevistas, sempre de forma peculiar, utilizando características próprias de linguagem e mantendo suas incursões pelo universo da gíria, o que o diferenciava do jornalismo tradicional em vários aspectos.

Compartilhando seus textos nos mais diversos veículos, sobretudo nos anos 1960 e 1970, Plínio escreveu sobre problemas que ainda afligem as grandes cidades brasileiras. Voltou como repórter em lugares retratados em suas peças e crônicas – como o mercado de São Paulo e as bocas de Santos – e entrevistou tanto personalidades famosas como anônimas.

Em uma reportagem intitulada "São Paulo segundo Plínio Marcos. Série: As piores cidades do Brasil", o "repórter de um tempo mau" não recuou e relatou a desesperança que ronda o ser humano acuado pelas atrocidades que ocorrem nas grandes capitais.

> Esse é o humor de um povo que vive apavorado com a violência urbana, que vai desde o conflito armado por causa do trânsito, passa pela violência sexual, pelo assalto a bancos e vai até os impunes crimes dos homens de colarinho branco, que são os mais afrontosos e envolvem altas autoridades. Todos perguntam: como acabar com a violência? Fazem simpósios. Gente muito importante e de muito saber dá opinião. Mas a verdade é que, se não houver uma distribuição de renda justa, uma descentralização do capital, não se resolve o problema da violência urbana. E nesse sistema capitalista, industrial, consumista, não há possibilidade de fazer justiça social. Minha querida cidade de São Paulo, onde vivo há mais de 25 anos, onde o jornaleiro sabe o jornal e a revista que leio, onde o dono do boteco da esquina sabe o cigarro que fumo, vai continuar cada vez mais poluída.[31]

Embora Plínio tenha atacado mais de cronista nos veículos em que trabalhou, a imagem de repórter também lhe era forte e pertinente. Plínio arregaçava as mangas e reportava o leitor ao mundo no qual a luta pela sobrevivência não era força de expressão, era uma briga mesmo. Dos carregadores que lutam por um emprego aos comedores dos restos apodrecidos dos armazéns do mercado, passando pelas condições desfavoráveis de trabalho, Plínio fazia

---

[31] Arquivo pessoal do autor, s. d.

jornalismo com a emoção de quem estava cara a cara com a verdade podre das ruas e relatava sem arestas o que via e sentia durante a reportagem. Este trecho da conversa entre Plínio e um de seus entrevistados na matéria "Nas paqueras da vida", publicada pela revista *Realidade* na década de 1970, que retrata o mundo dos habitantes do mercado na cidade de São Paulo, é um bom exemplo de como agia o repórter Plínio Marcos, sem escamas e direto no assunto, metendo o dedo na ferida e descobrindo as artimanhas de sobrevivência dessa gente:

    Ali ninguém entrega os pontos. São encardidos, sujos, cheios de perebas, fedem mais do que lixo... Os cururus estão ali. Agarrados à vida. Lutando pela glória de existir. Na vez que eu baixei lá, chegou um saco de coco duro. Podre até não poder mais. Não vinha do mercado. Veio de um armazém da redondeza. O coco veio dividido em três partes pelo lixeiro que, segundo os cururus, era legal. Com um martelo, ele quebrava os cocos. O menos podre ele punha na sua sacola. E o muito podre ficava pro cuco. Nessa hora tive um aperto no coração. Tive pena. Porém, logo tive vergonha de mim. Nojo da minha pena. Ela não servia de nada. Não mudava nada. A pena é uma coisa estúpida. É preciso ser mau, sem coração. Não estar agarrado a nada pra poder influir na ordem das coisas. Encostei numa mulher cururu:
– Ei, piranha!
– Que é que é?
– Que é que você faz aí?
– Oi...
– Diz pra mim...
– Não pode tá aqui?
– Pode. Mas por que você está aqui?
– Porque sim. Tá todo mundo.
– Você vai comer esse lixo que pegou?
– Então. Pras crias também dô.
– Que crias?
– Quatro criança. Três menina e um aleijado...
– E as crianças?
– Tão esmolando.
– Com quem?
– Elas que sabe. São sabida.
– O que vocês vão fazer amanhã?
– Amanhã?... Amanhã?...

– Você vai melhorar na vida? Deixar esse lixo um dia?
– Um dia o encantado ajuda.
– Me diz como é que você vai comer esse coco.
– Comendo.
– Mas você não tem nenhum dente.
– Caiu.
E a mulher cururu achou muita graça nisso.

Além das reportagens, Plínio também teve espaço nos jornais diários para realizar entrevistas com personalidades do escalão de João Cabral de Melo Neto, Tom Jobim, Mestre Ziembinsky, Procópio Ferreira, Leila Diniz e Herivelto Martins. Plínio, no papel de entrevistador, nunca deixou de ser fiel ao seu público e à sua forma de expressão, mantendo sempre a originalidade e a força da palavra que o destacou no teatro e na crônica.

A entrevista com João Cabral para o jornal *Última Hora*, em 27-28/7/1974, é um bom exemplo. Logo na abertura da reportagem "As atribulações de um repórter tentando entrevistar um poeta", Plínio é escancarado e, como não poderia deixar de ser, "escracha" sua própria reportagem.

Terça-feira de manhã, vim ao jornal entregar minha coluna e, em vez de cair logo fora, parei ali na mesa no Zé Maria (nosso editor de esportes) e comecei a discutir futebol. A redação estava agitada. O Rochinha, chefe de reportagem, se inquietava com a demora da Joana Fomm, que deveria entrevistar o poeta João Cabral de Melo Neto, às dez horas. Já eram nove e ela não dava o ar de sua graça. Sofria o moço Rochinha.

Pombas! Ia ser um pereréco nossa repórter deixar o senhor diplomata-poeta plantado. Seria abusar. Não dava, né? Então, um carro foi à casa da Joaninha. A gripe Zagalo pegou a moça. Ela estava pronta pra ir ao sacrifício. Aliás, queria. Ela é tarada pela poesia do João Cabral de Melo Neto. Mas o Rochinha, outro vidrado em João Cabral de Melo Neto, achou que seria xaveco expor tão grande poeta aos riscos de um contágio da gripe Zagalo. Deu dispensa pra Joana. E se lascou.

Os outros repórteres já haviam saído atrás de notícias. Aí, chegou o Samuel Wainer. O Rochinha se abriu. O chefe deu uma espiada na redação. Me viu. Tem gente que não pode me ver. O Samuel é um. Me viu e nem vacilou.

– Vai o Plínio.

Eu esperneei.
– Sem essa, Samuel. Meu negócio é futebol!
Não adiantou. O Samuel é daqueles teimosos que não se rendem.
– Vai lá. O João Cabral é uma figura maravilhosa. É o único poeta jovem do Brasil. Ele vai falar coisas importantes. Vai que você vai gostar.
E lá fui eu.

A entrevista foi uma espécie de coletiva e contava com vários estudantes de literatura e arte. O próprio Plínio conta na matéria o clima da entrevista, realizada numa mansão no Brooklin Paulista.

A moçada era por dentro do poeta João Cabral de Melo Neto. Sabiam tudo. E o poeta, como bom pernambucano, era falador, e como pernambucano intelectual, cheio de palavra difícil até mesmo pra poeta e muito mais ainda pra diplomata.

A bem da verdade, eu não sou dos mais privilegiados da cuca: agora, de manhã, fico ainda pior. Tive um momento de encabulação. Fiquei na base do agrião, matutei se devia aproveitar a entrevista dos estudantes ou devia fazer o poeta repetir tudo. Entre a ética e a consideração ao saco do poeta, optei pelo respeito ao saco do poeta... Sabe como que é. Cubismo, concretismo, surrealismo e tudo quanto é rótulo me embananam... Aí eu comecei a ensaiar pra cortar o baralho e fazer uma pergunta mais chegada na realidade. Só que o poeta estava falando com os estudantes e eu tinha que dar um güento. Isto é, tinha que chamá-lo. Mas, como? De seu Cabral? De seu Melo? De seu João? Não dava pedal. Acho que pega mal chamar um poeta de seu Melo. De seu Cabral então parece esculacho... Pensei, pensei e meti ficha:
– Seu diplomata...
As pessoas presentes até se assustaram. Todos me olharam. Eu me acanhei. Mas, nem por isso me entupi. Taquei na bucha:
– Seu diplomata, o senhor que está fora do país, o senhor não notou que nesses dez últimos anos houve uma queda na literatura e nas artes brasileiras?

Pra quê, nega velha? Pra que perguntar isso? O dono da casa parou de rir, os estudantes pediram pra eu esperar a minha vez pra entrevistar o poeta e ele, nesse pouco tempo, tomou fôlego e saiu pela tangente:
– Olha, Plínio, você acha que nesses últimos anos houve uma retração na literatura e nas artes. Eu não observei isso, não. Mas, de qualquer forma, isso sempre acontece. Há os períodos em que os artistas criam muito e depois há os períodos em que eles se retraem,

como que pra avaliar o que fizeram. Mas, por favor, não me chame de senhor. Me sinto velho ao ser tratado de senhor.
Eu não disse, mas pensei que diplomata tem mesmo que ser chamado de senhor. Mas deixei andar. O poeta é realmente brilhante. Magnífico contador de histórias. Tem uma agilidade mental impressionante. Descreve os lances de forma a prender a platéia.

Com a coluna "Plínio Marcos escracha" no extinto jornal *Diário da Noite*, Plínio realizou grande parte de suas entrevistas. O "escracho" era apenas uma forma diferenciada de o autor se referir à entrevista, uma espécie de relato fiel do que acontecia durante toda a conversa. Plínio questionava um outro lado, procurando distinção nos assuntos que abordava. Na entrevista com o compositor Herivelto Martins, isso fica bem claro:

> Meus cupinchas, quando a gente tem chance de bater caixa com um cobrão do gabarito do Herivelto, a gente sente muita vontade de só fazer pergunta sobre as façanhas do pinta. Eu também fiquei abilolado pra perguntar sobre o Trio de Ouro, Dalva de Oliveira e outros crás-crás-crás por aí. Mas segurei o apito e dei carga no presidente do Sindicato dos Compositores do Carnaval. Os destinos da música popular brasileira me preocupam mais do que o passado glorioso. Fui logo metendo o Herivelto na parede:
> – Herivelto, tu como presidente do Sindicato dos Compositores, me diz como é que muitos dos maiores nomes da nossa música se estarraram na miséria?
> – São muitos os motivos.
> – Tá. Mas como é que um cara que faz uma música, que fica sucesso eterno, fica a nenhum? Mesmo que o panaca estoure toda a grana, se ele é sucesso, tá entrando mais. E como é esse negócio de arrecadação?
> – O que eu posso te dizer como presidente do Sindicato é que consegui a maior vitória da minha vida. Consegui incluir o compositor na previdência social. Esse é um fato inédito no mundo. Agora o compositor tem aposentadoria. Temos mais de setenta compositores que já se aposentaram.

O mesmo acontece na entrevista com o ator Procópio Ferreira, quando Plínio demonstra inquietação por estar frente a frente com um dos monstros sagrados do teatro brasileiro. Encabulou mas não deixou a bola escapar:

A bem da verdade, nessa entrevista eu estava meio sem jeito de encostar o mestre na parede. Expliquei o molho e deixei a bola com ele, que foi dando as cartas:

— Muito bem, seu Plínio Marcos. Vamos ver se a gente faz um negócio diferente. Uma coisa que o público goste. Vamos falar das minhas manias.

— Boa idéia. Que mania tu tem?

— Gosto de ler. Leio tudo. Isso não é bem uma mania. Gosto de cachorro. Como gosto de cachorros. Se eu pudesse teria diversos cachorros. Os cães são todo amor.

— E que mais que tu tem?

— 71 anos a vista, 120 a prazo. Como de tudo, bebo de tudo. Minha pressão é doze o máximo, sete e meio o mínimo. Tenho uma bronquite marca Souza Cruz. Não tem jeito. Ela está há tanto tempo comigo que não saberia viver sem ela...

— Procópio, qual a maior crise do teatro em todos os tempos?

— Sem dúvida alguma, a televisão.

— Mestre, me diz uma coisa, o teatro ainda é um lugar pra se dar o recado?

— O que é bom sempre tem público. Eu sempre torço a favor.

Um milagre de circo

Um povo que não ama e não preserva as suas formas de expressão mais autênticas jamais será um povo livre.

Plínio Marcos

Plínio surgiu dos mambembes circos que circulavam em busca de platéia pelas poeirentas estradas desse mundaréu. Tempos depois, o jovem palhaço escreveu uma peça em sua cidade natal e pagou o preço da ousadia ao se aventurar pelos caminhos da dramaturgia, tornando-se o autor teatral mais censurado pela ditadura militar no Brasil. Suas peças, seus livros e suas crônicas, desde esse momento, tomaram força e forma, transformando-se em verdadeiros espaços destinados às manifestações mais legítimas do povo brasileiro.

É por isso que Plínio, por toda sua trajetória, podia falar sobre o assunto com o bacharelado que a vida se encarregou de lhe conceder.

Já falei mil vezes que o artista brasileiro é o maior criador do mundo. E se falei, me garanto. Já convivi com muito gênio estrangeiro, cheio de mumunha e tal e coisa e lousa. Porém (e sempre tem um porém), os artistas estrangeiros só sabem produzir suas obras tendo a seu dispor as melhores condições. E os brasileiros vão na raça, improvisam, fazem e acontecem, ali na base do agrião, na morisqueta.[1]

Plínio, por experiência própria, sabia das dificuldades como ninguém. Para quem teve as peças censuradas durante anos, estréias teatrais em botecos, para quem bateu perna vendendo os

---

[1] "A raça do artista brasileiro", *Última Hora*, s. d.

próprios livros para sobreviver, a preservação da genuína cultura brasileira era fundamental para compreender o povo, suas raízes e seu modo de viver.

Justamente por isso, Plínio, a cada crônica, batia o pé contra a degradação do patrimônio cultural do país, cada vez mais envolvido pela massificação expansiva da cultura importada.

Na mesma crônica, Plínio permaneceu ousado e fez um paralelo desse impasse cultural:

> Queria ver um Jerry Lewis qualquer deles lá fazer o que o nosso Mazzaropi faz aqui, nas condições de nosso cinema. Queria ver um Charles Chaplin ser gênio se tivesse que, durante vinte anos, entrar toda semana em programas de televisão como nosso Ronald Golias que, em algumas épocas, chegou a entrar diariamente, sem contar os programas de rádio que fazia na hora do almoço. Queria ver um animador de auditório gringo agüentando uma maratona como seu Silvio Santos, seu Chacrinha, seu Flávio Cavalcanti. Pagava para ver Bela Lugosi, Lon Chaney, Boris Karloff virem fazer filmes de terror na boca do lixo, como o genial José Mojica Marins. Queria ver qualquer cidadão de outro país trabalhar e criar mais que Chico Anísio, que escreve, dirige e atua em programas de televisão, além de publicar livros. E um Millôr Fernandes, que escreve humorismo para sete ou oito revistas e ainda manda ver diariamente em jornais, sempre com atualidade, sempre original. Não há quem me contradiga. O artista brasileiro é o maior criador e trabalhador do mundo.

Plínio também deu seu recado para a classe de intelectuais que se intitula de vanguarda, ou seja, uma intelectualidade sem olhos para as mais simples e espontâneas manifestações do povo: do artista de rua ao repentista ou sambista que se apresentam nas feiras livres, do palhaço do terreno baldio ao artista da bola dos campos de várzea. Para o autor, qualquer forma de expressão era válida e tinha de ser observada.

> Montado na sua pretensa cultura, o intelectual de araque se mete a escarrar regra, a fazer citações, a assistir filmes só em clube de cinema, a ter saudade dos tempos em que os homens de letras paravam em porta de livraria para fazer quás-quás-quás sobre literatura e outras cocorocagens. Como, graças a Deus, não há mais essa bobeira, ele, o intelectual de araque, se pica de raiva. E se volta contra tudo que o povão das quebradas do mundaréu curte... Para os intelectuais de

araque, a cultura deve ser pesadona e séria, como a fuça da mãe deles. Devido a isso, essa raça maldita, que não pode entender o povo, esperneia, boqueja, estrila e chia contra o que é popular.[2]

Plínio não deixava por menos e também reagiu pesado contra a Prefeitura de São Paulo quando ela realizou um Festival Internacional de Teatro, em 1974. As peças eram encenadas na língua dos países de origem e o autor não deixou por menos, argumentou e estrilou:

> Esse festival não faz o menor sentido e não acrescenta nada à cultura do povo. Peças faladas em espanhol, grego e inglês, na cidade onde o Mobral tem o maior número de alunos, só pode ser piada. Há méritos em contratar umas pecinhas em espanhol, grego e inglês que só servem pra fazer meia centena de intelectuais espumarem de prazer diante dos discursos que não conseguem entender? Há méritos em queimar a grana do povo que ficou sem Carnaval nos bairros, porque a Prefeitura alegou não ter dinheiro para incrementar o pagode de Momo na periferia?[3]

Em outra de suas crônicas, a temática da desvalorização cultural do Brasil também toma força. Nela, o autor questionou o não-reconhecimento e a falta de importância concedida ao folclore nacional, assim como o motivo pelo qual ele não é devidamente divulgado e explorado por outros meios, como o cinema, os quadrinhos ou os livros infantis. A variedade de personagens e histórias é ampla, interessante e rica, e preserva o que se possui de mais precioso na cultura popular: as suas raízes.

> A formação do intelectual brasileiro é toda importada. E aí é que a chata faz água. Resulta que qualquer pivete vai recebendo pelos olhos e ouvidos os guinchos e imagens do Pato Donald, do Mickey, do Pateta, e esquecendo as histórias que deviam ser passadas de pai para filho, porque nesses babados estão plantadas as raízes de um povo. Outro dia, conversando com um desenhista de histórias em quadrinhos, vi, pálido de espanto, que ele acha uma tremenda glória ter criado um elefantinho maroto e um raposão espertalhão, esquecido que já existem no gênero, Dumbos e Raposão, de Pinóquio. Ao ser

---
[2] "Os intelectuais de araque", *Última Hora*, s. d.
[3] "São Paulo, capital da cultura importada", *Última Hora*, 16/3/1974.

lembrado disso, o rapaz saiu com uma resposta encabulada de que procura ser universal, além de uma resposta muito séria, que a influência que ele sofreu foi a do Tocha Humana, Batman, Super-Homem, Ferdinando (caipira americano) e outros bambas importados. Aí é que a gente treme nas bases.[4]

Nas quebradas do mundaréu

> *Para o circo, as coisas não andam muito boas. Vários artistas estão ameaçando cair do trapézio por fome.*
>
> Plínio Marcos

O circo já foi considerado o maior espetáculo da Terra. Nos tempos áureos, os circos eram aplaudidos por milhares de pessoas que se encantavam com o *show* do malabarista, dos acrobatas, dos mágicos e, especialmente, de seu astro maior: o palhaço.

Plínio Marcos era representante legítimo do artista de circo, do mambembe, da paixão pelo picadeiro e das gargalhadas da platéia. Sua trajetória circense foi iniciada quando deixou a escola ainda cedo, na 4ª série primária, "principalmente por me obrigarem a escrever com a mão direita, mesmo sendo canhoto".

Vera Artaxo acredita que esse fato foi de fundamental importância para a revelação do talento de Plínio, pois ele passou a encarar de frente outro mundo, do lado de fora dos muros das escolas.

> Plínio nasceu canhoto, mas acabou escrevendo com a mão direita por imposição das instituições educacionais de sua época. Acho que esse fato pode ter sido uma espinha dorsal pra toda a sua história, porque a partir desse fato ele passou a ser excluído, primeiramente nas relações escolares. A questão da lateralidade, que só nas últimas décadas foi reconhecida como uma característica comum no ser humano, chegou até a deixá-lo gago – outro sintoma de exclusão social. O Plínio não conseguia escrever um ditado na mesma velocidade que os outros meninos, por exemplo, e acabava tirando zero. Então,

---

[4] "O elefantinho maroto e o raposão espertalhão", *Última Hora*, s. d.

essa característica o deixou um pouco de lado. O que os outros meninos faziam em quinze minutos ele levava muito mais tempo para escrever. Ele, então, começou a se afastar desse meio até que parou de estudar na 4ª série primária e começou a jogar futebol, onde a canhota dele era poderosa e aceita. Foi a partir desse fato também que ele entrou no mundo do circo-teatro, no Pavilhão Teatro Liberdade, em Santos. Plínio se marginalizou e foi marginalizado ainda criança, colocando-se à margem e indo fundo naquilo.[5]

Foi a partir daí, como o palhaço Frajola, que Plínio passou a encarar as tortuosas estradas nas quebradas da vida. Em Santos, no Pavilhão Teatro Liberdade – símbolo da força e da resistência da categoria circense e teatral da cidade – iniciou sua trajetória de palhaço.

Eu cheguei lá no fim de um tempo bom. Encarei a agonia e a luta de alguns saltimbancos. Eu ainda era pivete quando uma bola maluca me bateu: eu queria ser artista. Peguei embalo e meti as caras. Arranjei uma baba como extra de circo, no Pavilhão Teatro Liberdade, que ficou armado cinco anos em Santos, dando espetáculos todas as noites. E foi lá que fui aprendendo as mumunhas da profissão com o Zé Garrafa, Eli Araújo, Carvalhinho... Foi essa gente que me deu os primeiros macetes do palco. E foi uma grande escola. Não tinha moleza. O pão daquela gente era a grana que o público largava na bilheteria.[6]

O velho amigo de Santos, Júlio Bittencourt, lembra do início da carreira de Plínio como o palhaço Frajola e das lições que levou dos picadeiros para suas obras:

Ele começou cedo, como o palhaço Frajola... Me lembro que, inclusive, ele ostentava como um troféu uma cicatriz que tinha na mão. A história é mais ou menos esta: quando ele entrava em cena, dava uma cambalhota e pulava. Um dia, no teatro Coliseu [em Santos], se não me falha a memória, ele iniciou sua performance e espetou a mão em um prego ou algo do tipo que estava fincado no chão. Foi um corte enorme. Ele então terminou a pirueta, botou a mão pra trás, fez todo o número e só depois saiu de cena para ser medicado. Ele tinha isso como ponto de honra. E isso é bem típico do Plínio mesmo. Ele

---

[5] Entrevista concedida a Javier Contreras e a Vinícius Pinheiro, 30/10/2000.
[6] "Sucessos e fracassos", *Última Hora*, 30/3/1969.

sempre foi muito profissional e tinha um respeito muito grande pelo público.[7]

Na crônica "O paternalismo não salvará o circo, nem arte nenhuma", publicada no *Última Hora* há mais de 25 anos, Plínio fala sobre problemas que permanecem atuais e ainda hoje afligem a categoria circense no Brasil:

> Naturalmente que hoje o palhaço já não pesa na balança. Quem é o dono do *show* é o artista que se apresenta no programa do Silvio Santos. Num circo de verdade, como aqueles em que eu trabalhei há 25 anos, o palhaço era a chave do sucesso. Mais que leão, elefante, trapezista, engolidor de fogo, mágico, o palhaço era quem pesava na balança. Hoje, com a mania dos empresários de circo se acharem no direito de pintarem a cara e entrarem no picadeiro de palhaço só porque são donos da espelunca, a profissão ficou aviltada, não surgem novos valores. Eu sei de muitos, mas muitos casos mesmo de garotos que ajudam a armar circo na periferia só para ter uma chance de trabalhar como palhaço. E depois, na estréia, são chutados só porque agradam mais que o empresário-palhaço, o maior responsável pelo desaparecimento do astro maior do circo.

E era em nome dessa paixão pela arte circense que Plínio não parava de escrever. Situações inusitadas, de alegria, de desespero, de paixão e de dor, são mostradas na série "Os últimos mambembeiros", assim como histórias do Gran Circus Maximus e suas personagens inesquecíveis: a velha Carola, Rapadura e Tigelinha, os cômicos das multidões, Lola, a bailarina cigana, Siwa, o mágico comedor de fogo, Mandrakus, o ilusionista, Maximus, o gigante entortador de ferro e tantos outros.

Nas palavras do autor,

> o bom espetáculo não necessita de subvenção paternalista. Arte só precisa de liberdade de expressão e essa é a matéria-prima de qualquer artista. É por isso que os verdadeiros artistas de circo amam a profissão e se mantêm firmes a cada glória ou derrota, até o último sopro de esperança.[8]

---

[7] Entrevista concedida a Javier Contreras, 2/11/1999.
[8] "O paternalismo não salvará o circo, nem arte nenhuma", *Última Hora*, s. d.

Perdido numa noite suja

> *Engraçado, você conhece dez palavras e dez palavrões e escreveu uma peça. Incrível!*
>
> Cacilda Becker, atriz, sobre *Dois perdidos numa noite suja*

Tudo começou na virada da década de 1950, quando o autor estava prestes a deixar sua querida Baixada Santista. O outrora palhaço Frajola, que se apresentava como circense "analfabeto", havia deixado os picadeiros e agora fazia parte de um grupo de artistas de teatro que transitava pelos palcos dispersos da cidade – Centro dos Estudantes de Santos, Clube de Arte e Centro Português.

Nessa época, uma das personalidades mais fortes do teatro, Patrícia Galvão, a Pagu, já era reconhecida como uma das principais figuras da cultura santista e nacional. Foi ela, de forma bem inusitada, uma das primeiras pessoas a descobrir o talento de Plínio: Pagu precisava de um ator que, de um dia para o outro, pudesse decorar uma fala para a peça infantil *Pluft, o fantasminha*, de Maria Clara Machado. Plínio ganhou muito mais do que apenas o pequeno papel. A partir desse fato, ele e Pagu tornaram-se grandes amigos e ela passou a se interessar pelo seu trabalho como autor teatral, que se iniciava com *Barrela*.

Após a primeira leitura de *Barrela*, Pagu se impressionou com a força que a peça possuía e chegou a comentar com o aspirante a dramaturgo que seu texto era mais denso do que o de Nelson Rodrigues. Plínio veio então com a resposta mais simples e encabulada que um jovem artista das ruas poderia dar: "Quem é Nelson Rodrigues?". Anos depois, o próprio Nelson viria a afirmar em diversas oportunidades que Plínio Marcos era o seu sucessor no teatro brasileiro. A última vez foi numa entrevista à rede Cultura de Televisão de São Paulo, em 1980.

Barrela foi reescrita e ensaiada, tempos depois de sua primeira e única encenação até sua liberação, corridos mais de vinte anos. Sobre esse episódio, temos a versão de Júlio Bittencourt, que atuou na primeira montagem de *Barrela*, em 1º/11/1959, e foi um dos protagonistas dos acontecimentos:

Na época, o presidente era o Juscelino Kubitschek e havia o Pascoal Carlos Magno, ministro sem pasta, que amava teatro e que esteve num festival de teatro nacional um ano antes aqui em Santos. O Plínio, por intermédio da Patrícia Galvão, entregou uma cópia de *Barrela* para o Pascoal ler. Ele adorou, achou genial. Bem, como nós íamos encenar a peça, tivemos que enviá-la à censura, que já existia desde aquela época. Foi aí que proibiram a peça. No momento seguinte, a Patrícia Galvão se comunicou com o Pascoal, que mandou um telegrama para a polícia de Santos diretamente do gabinete do presidente da República dizendo para eles reconsiderarem a proibição da peça. Em função da influência de Pascoal Carlos Magno, a peça foi liberada para aquela apresentação. Então, remontamos a peça para a censura apreciar. Quando terminou, eles censuraram duas ou três frases. Numa delas o personagem dizia: "Porra, mas ele é muito feio". O outro respondia: "Não tem nada, a gente barrela ele com o cabo da vassoura". Em 1959 era muito forte! "Merda" não se falava. Imagine uma peça que não só fala como também mostra o que está sendo dito, as luzes se apagam e a barrela acontece... Além disso, a peça possuía um linguajar típico das cadeias, não tinha meias palavras. O Plínio nunca teve meias palavras. Então eles cortaram esta e mais umas duas frases. Quando os censores viraram as costas, Plínio disse pra gente: "Não vamos mudar porra nenhuma, vamos falar com todas as letras". No dia da estréia foi assim mesmo. Era comum pessoas se levantarem no meio da peça e irem embora. Os que ficaram aplaudiram de pé. Os censores não acreditavam no que viam. Evidentemente é uma peça polêmica como tudo que o Plínio fez.[9]

Após o polêmico "sucesso" obtido com a única exibição da peça, em novembro de 1959, Plínio amargou seu primeiro fracasso. No intervalo da estréia de sua segunda peça, *Os fantoches*, que anos mais tarde seria remontada como *Jornada de um imbecil até o entendimento*, praticamente toda a platéia se retirou do teatro, achando que a peça já havia sido finalizada.

Sobre esse episódio, a atriz Walderez de Barros conta outra versão dos fatos:

A melhor coisa das histórias do Plínio é ficar com sua versão dos fatos. Pode não ser a mais verdadeira, mas com certeza é a mais engra-

---

[9] Entrevista concedida a Javier Contreras, 2/11/1999.

çada e original. [risos] A história da peça *Os fantoches*, em Santos, em que ele contava que todas as pessoas foram embora na hora do intervalo, na verdade era uma brincadeira. Ele costumava dizer que as pessoas que estão começando em teatro nunca devem fazer uma peça em dois atos, pra não correr o risco de o público ir embora no meio do espetáculo. Essa era a grande moral da história. Mas, na verdade, ninguém gostou da peça mesmo.[10]

A peça foi massacrada pela crítica. No dia seguinte à apresentação, Pagu escreveu um artigo sobre o ocorrido para o jornal *A Tribuna*, de Santos, intitulado "Esse analfabeto esperava outro milagre de circo", comparando o sucesso de *Barrela* ao fiasco de *Os fantoches*.

A tentativa de *Os fantoches*, quanto ao texto, resiste apenas pelo manejo de um diálogo, maiormente destituído de sentido. Da reportagem [comparação com sua peça de estréia, *Barrela*], o autor saltou para o teatro das idéias e foi o que se viu. Um texto medíocre. Do texto medíocre saiu um espetáculo também medíocre. Não poderia uma algavaria do tipo que foi apresentada, determinar uma boa transposição para o palco. (...) Isso não invalida a opinião que temos a respeito das qualidades do autor como autor e como diretor.

O texto ainda trazia ao lado uma enorme fotografia de Plínio Marcos, o que causou grande furor na cidade. Por onde passava, pessoas apontavam para ele e o chamavam de analfabeto. Sua família também sofreu com o escárnio. Plínio viria a escrever sobre isso anos depois, como cronista:

Quando escrevi *Barrela*, foi aquele perereco lá em Santos. Proíbe, libera, proíbe, libera. E aí entrou um ministro na fita, o Pascoal Carlos Magno, que afirmou que a *Barrela* não atentava contra nenhum bom costume, nem contra a moral, nem contra coisa nenhuma. Dizia o Pascoal que a *Barrela*, muito pelo contrário do que afirmavam meus censores, era uma peça humanista e que denunciava com uma tremenda força a violentação a que eram expostos os presos, alguns até inocentes. Falou o ministro Pascoal, mais homem de teatro do que ministro, e aí foi possível se encenar uma vez, uma única vez, a *Barrela*. Peça no palco, bochincho na cidade inteira. De gênio a tarado, fui

---

[10] Idem, 20/3/2000.

chamado de tudo... Quando a onda passou, quis meu bom Oxalá que eu, que tinha ainda tão jovem experimentado o gosto do sucesso, me acostumasse com o fracasso, o desprezo, a solidão, a perseguição, o escárnio e tudo o mais que resulta de um vexame artístico dos que entram no palco para "ou tudo ou nada". Escrevi outra peça e foi um fracasso. O jornal *A Tribuna* deu uma bruta manchete na sua página de arte: "Esse analfabeto esperava outro milagre de circo". Embaixo, meu retrato e uma enfileirada de esculachos. Ninguém me acudiu. Nem uma linha de incentivo. Os meus amigos me aconselhavam a nunca mais botar a cara. "Continua trabalhando de funileiro, de contínuo de banco, de ajudante de caminhão, de camelô e nas horas vagas brinca no circo", era o que me mandavam fazer.[11]

Walderez afirma que Plínio nunca guardou mágoa de Pagu e continuava a ter muito respeito e admiração pela amiga:

A questão do artigo "Esse analfabeto esperava outro milagre de circo", escrito pela Pagu, é verdadeira, mas não exatamente como pensam que aconteceu. O que tem de ficar claro é que a Pagu era muito crítica, apesar de eles serem muito amigos. Então, a peça realmente foi massacrada mas não realmente pela questão do intervalo. O que aconteceu é que o Plínio tinha escrito *Barrela* tempos antes e já tinha entrado na turma intelectual de Santos que tinha a Pagu, o Geraldo Ferraz e outras pessoas da pesada. Veja, de uma hora para outra, ele foi alçado a uma condição de grande talento, um gênio e passou a viver com toda essa intelectualidade sem possuir estrutura para isso. Então é claro que ele tinha de provar seu valor, ou seja, fazer uma segunda peça. Só que ele ainda não tinha idéia, não tinha o *know-how* da coisa. Ele havia escrito a *Barrela* com muita fúria e percepção, mas ainda não conhecia profundamente o teatro. E a Patrícia Galvão não perdoou, massacrou mesmo.

E uma coisa que ele sempre apreciou nela foi sua coragem. O gesto dela machucou e doeu muito nele, mas o ajudou muito na seqüência de sua carreira. Acho que todo amigo que se preze tem o direito e o dever de dizer se a coisa não está tão boa como a pessoa pensa. E foi o que ela fez em relação ao Plínio. Mostrou que não era bem assim como ele pensava. Ele precisava aprender que sucesso e fracasso eram duas faces da mesma moeda, antes que ele caísse de um pedestal criado por ele mesmo. Então ele era muito grato por ela ter dado essa porrada nele.

---

[11] "Coluna do Plínio Marcos", *Última Hora*, s. d.

O que aconteceu em seguida é que um dia depois de ela ter escrito o artigo, estavam todos no bar Regina, em Santos, esperando que o Plínio nunca mais fosse dar as caras. Ele apareceu normalmente, cumprimentou todo o mundo e começou a conversar com a Pagu. Foi aí que eles discutiram pra valer, tomaram um porre e já saíram amigos novamente. O Plínio nunca foi uma pessoa de ficar magoado. Ele ficava irado, é diferente. Ele dava um murro na cara, brigava, xingava, cuspia e acabou. Não era de ficar guardando mágoa, alimentando ódio. E a Pagu era uma pessoa pela qual ele tinha a maior consideração.[12]

Sobre esse momento, o próprio Plínio fala:

[O artigo] me ofendeu porque era verdade. Nas coisas da cultura, o que pode esperar um analfabeto? Só mesmo um milagre de circo. Mas o diabo é que eu sou de circo, conheço os truques e o milagre aconteceu. Demorou um pouco porque era um truque difícil. Mas qualquer analfabeto poderá realizá-lo também, sobretudo se o fizerem juntos, unidos, todos os analfabetos do mundo. E podem contar comigo. Com o Frajola de sempre.[13]

O artigo de Pagu foi usurpado misteriosamente dos arquivos do jornal e durante anos ficou perdido. Plínio, durante muito tempo, buscou o texto da amiga, sem sucesso. O texto foi encontrado um ano após a sua morte, em dezembro de 2000.

A partir de todo esse episódio, Plínio resolveu se mudar para São Paulo, onde trabalhou continuamente como camelô, ator, técnico da extinta TV Tupi, até que estourou em 1966, com *Dois perdidos numa noite suja*. Plínio ainda amargava o peso do teatro maldito nas costas pela proibição de sua peça de estréia, *Barrela*, que se consagrou no Festival de Teatro Amador de Santos e, no momento seguinte, foi proibida. O ator Júlio Bittencourt comenta um pouco sobre as andanças amargas que o amigo Plínio teve de encarar na chegada à Paulicéia.

O Plínio, quando foi para São Paulo – ele me disse isso depois –, ficou dormindo na rua e na rodoviária. Ele estava morrendo de fome quando decidiu procurar a Cacilda Becker. Ela já tinha ouvido falar dele,

---

[12] Entrevista concedida a Javier Contreras, 20/3/2000.
[13] Entrevista concedida a Roberto Freire para a revista *Realidade*, em setembro de 1969.

então pegou seu texto e leu. Enquanto isso, Plínio apagou no sofá. Quando acordou tinha um bilhete na sua frente escrito: "Tem leite e bolo pra você aí na mesa, sirva-se à vontade e aguarde que eu quero falar com você". Quando a Cacilda retornou, conversaram e, a partir daí, ela passou a dar uma força para o Plínio, que sempre foi muito grato a ela e a considerava sua madrinha no teatro em São Paulo.[14]

A atriz Walderez de Barros, que começava sua vida com Plínio naqueles anos, conta como ele se comportava naquela situação:

> Ele sempre dava um jeito. É claro que era difícil, mas o Plínio tinha uma alegria e uma força muito grande de viver. Sempre acreditou que alguma coisa iria acontecer. Andava diariamente com um caderno todo amassado com o esboço de alguma peça... Batalhou muito, nunca ficava com mágoa da vida e de ninguém. Se virava vendendo canetas com desenho de mulher pelada, álbum de figurinha, sempre dava um jeito... [risos] Continuava escrevendo muito, mas quando ele precisava de dinheiro, não tinha dúvida, pegava seus álbuns de figurinhas, parava numa esquina qualquer e vendia tudo, como um autêntico camelô.[15]

Apesar de todas as dificuldades, o trabalho do autor não parou mais. Tampouco o cerco da censura. Plínio escrevia sem parar. *Reportagem de um tempo mau* e *Jornada de um imbecil até o entendimento* também foram proibidas e não tiveram chance. Mas Plínio não arredava o pé. Produzia mais do que nunca, travando uma luta dura de resistência cultural com a ditadura burra da época.

> Continuei na luta. Brava. De manhã vendia álbum de figurinha na feira, de tarde trabalhava na técnica da Tupi e à noite fazia uns bicos na administração do teatro. Quando chegava em casa, eu tomava muito café, fumava muito e escrevia muito. Eu estava na batalha com um inimigo muito mais forte. Não parava pra chorar. Continuava escrevendo. E ia crescendo em mim a certeza de que não dependia da vontade de um bando de censores idiotas eu ser um escritor. Um autor de teatro. Aliás, eu já sentia que era um dramaturgo.[16]

---

[14] Entrevista concedida a Javier Contreras, 2/11/1999.
[15] Idem, 20/3/2000.
[16] MARCOS, Plínio. *Figurinha difícil*: pornografando e subvertendo. São Paulo, SENAC, 1996. p. 99.

Quase dez anos após o veto de *Barrela*, finalmente a estréia de uma nova peça. A idéia inicial de Plínio, desiludido com nova possibilidade de censura, era sair mambembando pelo interior do estado de São Paulo. Já que a peça contava com apenas duas personagens, Plínio desejava encená-la para quem realmente quisesse vê-la. Foi então que aconteceu...

Liberada pela censura, iniciou-se a trajetória de *Dois perdidos numa noite suja*, num boteco da Galeria Metrópole, no centro de São Paulo, chamado Ponto de Encontro, em 1966.

A estréia contou com cinco pessoas: Walderez de Barros, três amigos que entraram de graça e mais um bêbado que pagou o ingresso e não quis sair do lugar. O escritor e psicanalista Roberto Freire, presente nessa primeira apresentação, entusiasmou-se e afirmou que ali estava nascendo o novo teatro brasileiro. Plínio contou:

> Eu estava pasmo. Com o dinheiro da entrada do bêbado comemoramos com três refrigerantes, metade para cada um. E fomos correndo para casa, fritar ovo. Arroz com ovo. Era lindo. Estava com cheiro de sucesso.[17]

Com a ajuda de amigos que lhe deram mais do que apoio moral, emprestando-lhe até dinheiro, Plínio conseguiu chamar a atenção da imprensa. "Grandes amigos, com a graça de Deus, sempre tive." Roberto Freire, que também foi um dos assistentes da estréia, e Alberto D'Aversa, diretor, fizeram um estardalhaço enorme e a peça finalmente conseguiu mudar de endereço.

O teatro de Arena foi o próximo passo. Mesmo com elogios e o apoio de nomes importantes da crítica de grandes jornalistas paulistanos como Sábato Magaldi e João Apolinário, o público era pequeno e 70 por cento da renda pertencia ao teatro. Tempos difíceis. O dinheiro era pouco e Plínio continuava a vender álbuns de figurinhas na feira.

Foi quando aconteceu a virada de mesa do teatro de Plínio Marcos para as grandes massas. Ao assistir ao vivo pela extinta TV Tupi um programa de auditório em que a deputada Conceição da Costa Neves criticava sem piedade sua peça *Dois perdidos*

---
[17] Idem, ibidem, p. 103.

numa noite suja, acusando-o de comunista e tudo o mais, Plínio foi até o auditório, invadiu o programa – aproveitando que conhecia o pessoal da técnica – e disparou: "Escuta aqui, sua vaca velha. Como é que tu fala do que não viu, do que não conhece? Tu não viu a peça. Pra fazer a crítica tem que ver. Se não assistir não pode falar". Confusão generalizada. Walderez, que assistiu a tudo pela TV, diz como aconteceu:

> Nós estávamos em casa assistindo ao programa da Tupi e ela começou a falar de algumas pessoas da classe teatral. Foi quando falou mal da peça dele. Ele nem piscou: "Vamos lá!". Como eu estava em casa com as crianças, ele acabou indo sozinho. Eu fiquei em casa com olhos grudados na TV esperando pra ver o que ia acontecer. Eu quase não acreditei, mas se tratando do Plínio... [risos] Bem, ele entrou no meio do programa e fez um rebu danado ao vivo, falando que ela não tinha o direito de falar mal de pessoas sem ter um direito de resposta. Plínio acabou conseguindo no ar a promessa que se fizesse um debate. Foi aí que tudo passou a mudar.[18]

Os jornalistas fizeram a proposta de um debate. Três deputados e três pessoas do teatro. E assim aconteceu. A deputada veio acompanhada dos parlamentares Aurélio Campos e Carvalhaes. Plínio trouxe o ator Fernando Torres e Augusto Boal, diretor teatral.

> Fui o primeiro a falar. Não fiz cerimônia. Bati fundo no fígado dela e dos dois deputados, sem economia de xingação. A platéia, composta de gente de teatro, que foi em peso, aplaudia. Os três deputados se desesperaram. Queriam rebater e eu não deixava. O Boal e o Fernando riam. Isso emputecia mais eles. Quando conseguiam falar, eram vaiados. Sentiram logo que iam perder. Quando tocava a palavra a eles, o Boal ironizava. O Fernando, com educação, os descontrolava. E eu, cada vez mais grosso, ralava. Nós estávamos dando um baile nas três toupeiras.[19]

Segundo Plínio, o programa chegou na marca dos noventa pontos de audiência. O Brasil acompanhou o debate e, a partir daquele momento, Plínio Marcos já não era mais um simples nome: os teatros tinham casa cheia todos os dias, choviam convites para

---
[18] Entrevista concedida a Javier Contreras, 20/3/2000.
[19] MARCOS, Plínio, op. cit., p. 104.

encenação da peça em outras cidades, a classe teatral o apoiava com vigor e lutava pela liberação de suas peças, pesadelo que continuava a atrapalhar sua carreira.

Tempos depois, houve o episódio de *Navalha na carne*, mais uma peça proibida pelos censores. Walderez de Barros relembra o fato:

> Ele sempre escrevia na mesa da cozinha de madrugada. A *Navalha* foi escrita em no máximo três noites. Lembro que um dia acordei de madrugada e ele me disse que estava escrevendo uma peça e que não iria conseguir terminá-la naquela noite. Quando ele me entregou a peça, eu fiquei abismada porque não tinha uma rasura. Era como se ele estivesse copiando, parecia que havia saído já pronta. Foi uma porrada. Depois eu perguntei pra ele: "O que é isso?". Eu não estava preparada. Era um texto muito forte. Ele me disse: "Pois é, acho que ninguém vai querer encenar".[20]

Navalha na carne acabou por se tornar um marco na carreira de Plínio e um marco na luta da classe teatral contra a censura dos militares.

Atores, autores, diretores, críticos e intelectuais, liderados pelas atrizes Cacilda Becker, em São Paulo, e Tonia Carreiro, no Rio de Janeiro, lutaram e conseguiram liberá-la. Antes disso, uma primeira leitura, que seria realizada no Teatro Opinião, no Rio, foi impedida pelo Exército. Tonia Carreiro conseguiu organizar a leitura secretamente em sua casa no morro de Santa Teresa. Tempos depois, a peça estreou com enorme sucesso no Rio de Janeiro com Tonia Carreiro, Emiliano Queiroz, Nelson Xavier e direção de Fauzi Arap. Em São Paulo, a peça foi encenada por Ruthnéa de Moraes, Sérgio Mamberti, Paulo Vilaça e direção de Jairo Arco e Flexa.

O ator de *Navalha na carne* e diretor de *O homem do caminho* – peça de Plínio encenada poucos meses após sua morte –, Sérgio Mamberti, conta sobre os tempos da *Navalha* e como a peça se tornou um marco do teatro no Brasil:

> O Edgard Gurgel e eu estávamos pra encenar *O rei da Vela* do Zé Celso, mas aconteceram alguns problemas e eu acabei topando fazer o

---

[20] Entrevista concedida a Javier Contreras, 20/3/2000.

papel em *Navalha* que originalmente era do Edgard. Quando a peça foi liberada, todos me diziam: "Sérgio, você está louco, você acabou de ganhar prêmio como ator, está casado recentemente, com filhos... e agora vai fazer papel de viado? Esse personagem só tem quinze minutos em cena, você vai ficar marcado. Pode estar arriscando sua carreira". Havia muito preconceito naquela época mas, na verdade, eu não tinha a menor dúvida de que a peça ia ser da maior importância para a dramaturgia no Brasil. Eu, que atuei em mais de setenta peças, quando me perguntam sobre as peças importantes da minha vida eu sempre digo *Navalha na carne*, porque, além da peça ter o sabor da modernidade com o desafio, ela tinha toda uma responsabilidade social do ator ao mostrar a situação de um homossexual tratado como ser humano. Porque tudo que havia sido feito com homossexuais até então era caricatura. Aqueles personagens, de certa forma, se solidarizam em sua própria miséria humana, sendo que essa própria condição os unia, numa situação bem inusitada.[21]

Mamberti também comenta sobre a nova estética teatral iniciada por Plínio no Brasil:

Na época da estréia da *Navalha*, Plínio inaugurou a modernidade do teatro brasileiro já pelo formato da peça. O *timing* dele era outro. As peças que eram encenadas naquela época duravam 2h30, em média, extremamente prolixas por todo um detalhamento. E o Plínio, em três ou quatro palavras, já dava seu recado, desenhava um personagem, um ambiente e fazia uma denúncia social. Ele tinha um poder de síntese muito forte e mostrava logo de cara o que tinha pra mostrar.[22]

Na seqüência vieram *Quando as máquinas param, Homens de papel, O abajur lilás* e *Oração para um pé-de-chinelo*, todas com problemas por parte da censura.

A resposta que escutava sobre o porquê da censura de suas peças era de que eram pornográficas e subversivas. No entanto, Plínio não podia ser diferente em sua linguagem popular. Ele próprio dizia: "O povão não gosta do que não entende. Só intelectualóide de país subdesenvolvido gosta do que não entende".

---

[21] Idem, 21/10/2000.
[22] Idem, ibidem.

Estreei no Pavilhão Teatro Liberdade, fiz minhas gracinhas no Circo Rubi, no Circo São Jorge e em muitos outros. Fui ator da Companhia Cacilda Becker, do Teatro de Arena, da TV Tupi e da Globo. Escrevi mais de vinte peças, ganhei prêmios de montão, cadeias, elogios e esculachos. Já fui aplaudido e vaiado. Já esqueci o texto em cena aberta e morri vestido, já caí do palco e no palco. Quase nada me resta nesta bela profissão que escolhi.[23]

E se quase nada lhe resta é porque Plínio dominou a cena teatral em sua plenitude. Antes mesmo de *Barrela*, ele já havia dirigido e atuado em outros espetáculos em Santos, nos palcos e picadeiros, sua escola primeira, e também de tantos grandes do teatro, como Procópio Ferreira, Oscarito e Grande Otelo. Plínio nasceu autor, ator e diretor.

Folião das multidões

Se um povo não souber respeitar e valorizar seus artistas, jamais terá porta-vozes dos seus sentimentos mais puros.

Plínio Marcos

Assim como outras expressões artísticas brasileiras, o samba e o Carnaval, fortes representantes da cultura popular de muita história, tradição e grandes artistas, também tiveram espaço garantido nas crônicas de Plínio Marcos.

Entre outras questões, Plínio mostrava e discutia o que vira e mexe vem à pauta em qualquer roda de samba nos botequins: o bate-boca em torno do Carnaval carioca e do paulista. "Guerra de sambista é na passarela da avenida. É no desfile que o sambista, soltando o gogó, dizendo no pé ou fazendo falar os couros da bateria, faz e acontece."[24]

A festa no Rio de Janeiro foi trazida da Bahia com a vinda dos terreiros de candomblé. Foi no terreiro da tia Ciata, o mais im-

---
[23] "Os convites", *Última Hora*, 3/5/1972.
[24] "Troca o ano, mas a vida é a mesma", *Última Hora*, 31/12/1973.

portante deles, onde tudo começou, com João da Baiana, Donga e outros bambas. Já em São Paulo, o Carnaval surgiu nos terreiros de café, é o samba do toco, samba do trabalho.

Talvez pie na parada alguém querendo defender a tese da uniformidade do samba brasileiro. Sei lá se seria válido. Mas, de qualquer forma, seria assunto para um simpósio de samba, quando se pudesse debater com seriedade e sem paixões bairristas o problema. E teríamos que analisar com coragem e com muito realismo os perigosos rumos que as escolas de samba do Rio de Janeiro estão tomando, distanciando-se de suas origens e tratando o samba com uma leviandade artística cultural. Corre perigo o samba. Corre muito perigo.[25]

A paixão pelo samba foi tamanha que Plínio Marcos se tornou um dos fundadores da banda carnavalesca pioneira em São Paulo: a Banda Bandalha, grupo de foliões que percorria as ruas da cidade com muita alegria, samba no pé e ritmo na alma.

Carlão do Boné, ator, sambista da cidade de São Paulo e amigo de Plínio, acompanhou todo o processo de criação da banda e fala sobre a cumplicidade de Plínio com o samba.

Uma das coisas que nos fizeram ficar unidos foi a paixão pelo samba. Plínio ficou me conhecendo ali nos bares onde os artistas se reuniam e acabou conhecendo toda a turma do samba por meu intermédio. De início, todos perguntavam: "Quem é esse?". "Gente, esse é o Plínio Marcos", eu respondia. E o Plínio foi se enturmando com todos. Logo, logo já estava participando das rodas de samba que a gente fazia nos botecos e aprendendo toda a história de nossas raízes, que é totalmente diferente do samba do Rio de Janeiro. Bem, foi aí, em 1971, quando Plínio estava gravando no Rio de Janeiro uma novela chamada *Bandeira Dois*, que ele deu a pala: "O pessoal do Rio fica falando que o samba de São Paulo não é de nada, que a musa e porta-bandeira da banda deles é a Leila Diniz, que eles agitam o pedaço todo de Copacabana e tal e coisa". A rapaziada então resolveu fundar uma banda. Foi formada a Banda Bandalha. O Plínio ficou de agitar a turma do primeiro escalão do teatro de São Paulo e eu, a do segundo escalão. [risos] Bem, no Carnaval de 1972 foi aquela agitação, um sucesso total.[26]

---
[25] "Do jeito que vai, o samba corre perigo", *Última Hora*, s. d.
[26] Entrevista concedida a Javier Contreras, 20/3/2000.

A primeira banda da cidade de São Paulo foi um sucesso. Milhares de foliões se juntaram à classe artística e fizeram um grande Carnaval, com direito a ter as atrizes Walderez de Barros e Etty Fraser na função de porta-bandeiras e o ator Tony Ramos como mestre-sala.

Após algumas divergências, aconteceu a dissolução da Bandalha depois de dois carnavais. Foi formada então, no Bar Redondo, em São Paulo, a segunda banda carnavalesca de que Plínio participou. A Banda Redonda obteve tanto sucesso que até hoje agita os foliões da cidade. Segundo Carlos Pinto, jornalista e incentivador cultural,

> o samba de São Paulo começou a evoluir no Bar Redondo, com Plínio e Geraldo Filme. Ali começou a se estruturar o samba de São Paulo. Plínio não tem importância apenas como autor de teatro. Ele é mais completo. Sua importância é como homem da cultura popular brasileira.[27]

Carlão do Boné, também presente na formação dessa banda, conta como tudo aconteceu no Bar Redondo:

> Bem, já em 1974, quando nos reuníamos no Bar Redondo, todo mundo com umas e outras na cabeça, foi que pintou idéia de novamente fazermos uma banda. O nome ficou sendo Redonda, não por causa do bar, mas porque naquela época havia uma expressão que caracterizava as pessoas mais caretas de "testa quadrada", então surgiu a idéia de fazermos uma banda só de pessoas com testa redonda. [risos] Mas vários nomes surgiram: poderia ter sido chamada de Banda Roosevelt, Ipiranga e outros nomes que foram sendo descartados durante a noite. A banda fez tanto sucesso que dura até hoje. Todo Carnaval estamos nas ruas fazendo a folia. E Plínio era um folião de marca maior. Gostava mesmo de levar a alegria para todas as pessoas. O lance dele era fazer uma festa bonita e divertida pra todos. Não fazia questão nenhuma de se envolver com composição ou participar de escolas de samba, como era convidado sempre. Dizia sempre que não poderia se envolver com isso porque, de alguma forma, era um intelectual e aquele lugar deveria ser preenchido por algum negrão vindo do povo e conhecedor de suas raízes.[28]

---

[27] Idem, 14/11/1999.
[28] Idem, 20/3/2000.

No entanto, apesar de todo esse envolvimento com o samba paulista, Plínio Marcos teve de se render à tradição de sua própria região, a Baixada Santista. O Carnaval considerado o segundo melhor do país, depois do Rio de Janeiro, segundo Plínio, "isso porque o pessoal da carica espalha mais os seus lances", era uma grande festa. Guerra de confete entre os bairros, carros alegóricos, desfile da Dorotéia, blocos carnavalescos e desfiles de escolas de samba. Os dias de festa eram esperados com ansiedade pelas multidões.

> Não era mole o carnaval na Baixada. Começava muito antes dos três dias. Primeiro eram as batalhas de confete. Era lenha pura. Uma em cada bairro. Marapé, Macuco, Campo Grande e tudo. E não era um desfile de araque com meia dúzia de crioulos batendo no couro do falecido. No Campo Grande, o embalo era foguete. Tinha uma família que distribuía canudos de bambu cheios de cachaça e o troço fervia. E depois vinha o desfile da Dorotéia. Dengosas do Marapé, Osvaldo Cruz, Cruz de Malta, Viúvas Alegres do Santo Antônio, Misses da Vila Mathias, Pierrots do Atlético, Banda dos Surdos e Mudos. E tinha muito mais. Rumba Calunga, Índios, Mariposas da Torres Homem, Bloco dos Sujos, Malucos, Moleques de Rua, Vai Quem Quer e os cambaus. Tinha também os Chineses do Mercado. Quem viu, viu. Quem não viu não vê mais. É uma pena. Teve carioca que ao ver os Chineses do Mercado jurou que era o melhor bloco que já existiu no Brasil. Saía do mercado, dava volta no bairro depois desviava para a avenida Conselheiro Nébias, rumo à praia, pra ser a alegria do povo santista e dos turistas.[29]

A ditadura naquele período, porém, atenta a qualquer forma de manifestação, sempre buscava uma forma de atrapalhar a alegria popular. Por pura ignorância e hipocrisia, o Carnaval era considerado uma dor de cabeça a mais para os governantes.

> Não era mole botar Carnaval na rua no tempo do Mestre Zagaia. A polícia acabava com os pagodes na base do chanfalho. Mas nem por isso a turma do samba se acanhava. Só saía nos cordões nego pedra noventa, gente que não fazia careta pra cego nem cerimônia com otário.[30]

---

[29] "Plínio Marcos escracha o glorioso Carnaval da Baixada Santista", *Diário da Noite*, s. d.
[30] "Recordar é viver", *Última Hora*, 13/1/1975.

Plínio e os milhares de artistas anônimos se misturavam às multidões e não deixavam por menos. Na época do tamborim quadrado e do surdo de barricão, Dionísio Camisa Verde e Branca, Inocêncio Mulata, Dona Eunice do Lavapés, Pé Rachado do Bixiga, Dona Sinhá, Nenê da Vila Matilde, Sinval do Império do Cambuci, Pato Nágua, Vitucho do Paulistano da Glória, o pessoal da turma das Perdizes e tantos outros artistas do Carnaval, invadiam as ruas da cidade com a ginga e o sorriso de quem apenas queria expressar o aprendizado que a vida lhes encarregou de dar.

O cronista, além de retratar fatos que aconteciam no universo do samba e despertar os órgãos públicos para a importância do Carnaval, também foi o primeiro a lembrar o nome dos dois maiores sambistas da cidade de São Paulo: Geraldo Filme e Germano Matias, dedicando-lhes crônicas e entrevistas.

Após tanto tempo se embrenhando pelos caminhos do samba, Plínio chegou a formar um grupo musical, no qual colaborava com histórias, "causos" e piadas. Com o *show* "Plínio Marcos e os Pagodeiros", o autor e seus companheiros de batuque – Geraldão da Barra Funda, Zeca da Casa Verde e Toniquinho Batuqueiro – lotaram casas de espetáculos, gravaram o disco *Nas quebradas do mundaréu*, receberam críticas positivas e elogios de que o disco era fundamental para quem quisesse estudar o samba da cidade de São Paulo.

Capítulo censurado

Censura. Truculência. Que merda! 1964, porra. Tempo de guerra.
Plínio Marcos

A conduta de Plínio Marcos como homem de pensamento e de letras, nos terríveis anos de ditadura militar do Brasil pós-1964, foi corajosa. Nesse período, pensar, por si só, era muito arriscado.

Apesar de toda a censura que sofreu, Plínio ficou no país e colocou o seu talento e a sua arte a serviço dos desvalidos, dos injustiçados, mas principalmente dos que estavam sendo subjugados e violentados pela ditadura. Sérgio Mamberti diz que o amigo Plínio sempre manteve essa postura:

> O Plínio sempre foi polêmico pelo fato de ele ter colocado pela primeira vez o excluído social numa abordagem pouco discutida, pois o colocava no palco com sua verdadeira linguagem. E isso sempre o fez ser considerado pela ditadura como um pornógrafo e um subversivo porque era um homem que não tinha papas na língua. Sempre falou o que pensou e pagou um preço bastante caro por isso. Ele não se contentava apenas em denunciar. Seus textos sempre tinham aquela agulha da provocação, um grito, uma advertência e até uma gargalhada pelo seu humor cáustico. Em tempos de ditadura, ele não deixava de ser irreverente e, ao mesmo tempo, muito contundente.[1]

Quem reler hoje suas crônicas vai ter o quadro vivo de um período de intolerância, de violência, de falta de compromisso ético e moral por parte das elites e da camarilha militar que to-

---
[1] Entrevista concedida a Javier Contreras, 21/10/2000.

mou o poder no Brasil pela truculência antidemocrática das armas. Plínio correu todos os riscos. Suas crônicas se transformaram num painel da época, num registro histórico daqueles anos duros, narrando situações de enfrentamentos ou prisões pelos quais foi obrigado a passar.

> Augusto Boal, um diretor de talento, tinha acabado sua preleção instigando os artistas a fazer um espetáculo forte e foi para a Escola de Arte Dramática, onde dava aula. Maria Bethânia, Gal Costa (que nesse tempo era Maria da Graça, a Gracinha), Caetano Veloso, Gilberto Gil, Tom Zé e Piti se preparavam para o espetáculo, afinando os instrumentos e esquentando as vozes. Repassavam textos do *Arena canta Bahia*. Nós já havíamos fracassado com *Arena em tempo de guerra*. Houve um tumulto na estréia. A polícia apareceu arrepiando. Censura. Truculência. Que merda! 1964, porra. Tempo de guerra. Tempo encardido. Ruim de se viver. Injustiças terríveis. Era só o começo.
>
> Mas o teatro tinha dignidade. Tinha uma liderança firme exercida por uma atriz gloriosa, de talento e coragem raros: Cacilda Becker. Flávio Rangel, Guarnieri, Juca de Oliveira: todos foram presos pelo DOPS. A Cacilda foi lá, com toda a sua elegância, e mandou soltá-los. Depois o Juca e o Guarnieri tiveram que fugir para a Bolívia. Por essas e outras, a gente não tomava muito conhecimento da prepotência dos censores.[2]

Plínio, no papel de cronista e dramaturgo, fez a sua parte: expôs-se, denunciou, mas sobretudo produziu um pensamento e registrou um tempo escuro na história do Brasil.

> Lá em Santos é que o pau cantava a troco de qualquer coisinha. Que medo que a putada do poder tinha da gente do cais do porto! Nós, da Baixada, não éramos de dar mole. Nossos melhores quadros estavam presos no porão de um navio, o Raul Soares. A bem da verdade, presos na covardia. Na calada da noite. Antes dos milicos terem decretado o golpe armado. Um ou dois dias do golpe militar. Que foi num primeiro de abril. O primeiro de abril mais sujo da história do Brasil. Prenderam a liderança sindical da Baixada Santista. Que bosta! Que fedor![3]

---

[2] Marcos, Plínio. *Figurinha difícil*, op. cit. p. 87-8.
[3] Idem, ibidem, p. 88.

O cerco

Justo mesmo é que, certo ou errado, as pessoas que ocupam cargo de decisão sejam escolhidas pelo voto popular.

Plínio Marcos

Antes do golpe militar de 1964, Plínio Marcos já enfrentava problemas com a censura para liberar seus textos. Em 1973, ele publicou uma crônica no jornal *Última Hora* em que retratava o episódio de censura à sua primeira peça e refletia a respeito das razões que o tornaram um dos artistas brasileiros mais perseguidos de todos os tempos.

Eu, há dezessete anos, sou um dramaturgo. Há dezessete anos pago o preço de nunca escrever para agradar os poderosos. Há dezessete anos tenho minha peça de estréia proibida. A solidão, a miséria, nada me abateu, nem me desviou do meu caminho de crítico de sociedade, de repórter incômodo e até provocador. Não será a ferrada do *Abajur lilás* que vai me abalar. Porém (e sempre tem um porém), neste momento no Brasil é urgente que se dê o direito à fala livre de todas as forças vivas da nação, para que possamos, unidos (apesar das discussões), vencer as crises econômicas que se avizinham, encontrar um modelo brasileiro e sanar as muitas injustiças sociais que sofre nosso povo, sem precisar radicalizar as posições, sem cair na estupidez das extremas. Eu estou no campo. Não corro. Não saio. E pago qualquer preço pela Pátria do meu povo.[4]

Plínio conheceu cedo o fracasso, mas não arredou o pé de seu ofício. Sofreu uma penada da censura logo no primeiro texto para teatro, mas foi à luta. No texto acima fica nítido que Plínio coloca os interesses nacionais acima de qualquer radicalismo e que seu espírito era desarmado, ao contrário do que afirmavam seus perseguidores.

O ator, diretor e autor da polêmica peça *Uma rosa para Hitler*, o também santista José Greghi Filho, opina sobre a atuação de Plínio naqueles anos:

---
[4] Coluna Navalha na Carne, 1973.

O Plínio, no final dos anos 1950, era uma pessoa muito intensa. Após ter saído do circo, havia trabalhado como ator em diversas peças e também já havia dirigido alguns espetáculos. Foi quando ele surgiu com *Barrela*. A peça foi um sucesso em sua estréia e um estardalhaço, após ser impedida de ser encenada. Era uma peça muito forte para a época e Plínio chocou mesmo. Tempos depois, já vivendo em São Paulo, Plínio ainda teve de passar por todos aqueles episódios das censuras de outras peças. Com tudo isso, assumiu ainda mais esse papel que coube a ele como uma luva. Isso porque Plínio, antes de tudo, é um ator. Ele e as situações pelas quais passou criaram o personagem Plínio Marcos para as grandes platéias. Já naquela época Plínio apresentava aquele seu jeito bem peculiar, meio grosseiro e radical em todos os sentidos, apesar de se mostrar uma pessoa muito doce e sensível com os amigos mais próximos. E ele conseguiu manter essa redoma. Ao mesmo tempo, a imagem de autor maldito o fez ficar cada vez mais direcionado na luta para mostrar sua arte, seu teatro. E não era apenas o seu teatro, era como se estivesse lutando por todos nós e foi isso o que realmente aconteceu. Transformou-se no líder de uma geração amputada pelo regime da ditadura.[5]

Passaram-se mais de vinte anos até que liberassem *Barrela*. Em 1979, Plínio e mais um grupo de quarenta pessoas formaram O Bando. Um dos membros, Tanah Corrêa, pode falar melhor sobre esse momento:

> Em 1977, um grupo de pessoas se reuniu e resolveu fazer o registro de vinte anos de censura da *Barrela*. Com o tempo, formamos um elenco e conseguimos encená-la em 1978. Fizemos um espetáculo secreto nos porões do TBC. Subíamos a porta de ferro, as pessoas entravam e fechávamos de novo. Era uma época louca. Ingressos vendidos de mão em mão. O grupo comportava umas quarenta pessoas, entre atores, músicos e cantores populares. Foi aí que, juntamente com o advogado Iberê Bandeira de Mello, resolvemos entrar na justiça pela liberação da *Barrela*. E conseguimos. Foi o primeiro texto liberado judicialmente no Brasil. A partir dessa vitória, nós nos organizamos para montar O Bando e conseguimos pela primeira vez encenar *Barrela*, em 1979, numa pré-estréia no Sindicato dos Metalúrgicos, em Santos. Era um trabalho de um grupo que fazia seu teatro sem nenhuma forma de apoio ou patrocínio. Saíamos distribuindo filipetas com descon-

---

[5] Entrevista concedida a Javier Contreras, 15/2/2000.

to para a peça nos metrôs, no mercado, nas ruas. Algumas vezes fomos presos, mas foi o que nos fez ficar um ano encenando e lotando o espetáculo. O Bando encenou *Barrela* durante um ano em São Paulo e depois montou *Oração para um pé-de-chinelo* e *Dois perdidos numa noite suja*, principalmente em escolas, universidades, centros comunitários e sindicatos.[6]

Nesse meio-tempo, entre a proibição e a liberação de *Barrela*, caiu sobre o país o manto da ditadura, e outros textos de Plínio foram impedidos de ir ao palco, mas ele jamais deixou de escrever o que sentia e de lutar ao lado dos que não se apequenaram.

Constantemente impedido de montar suas peças, Plínio, então, passou a "se virar", viajando para algumas cidades do país fazendo palestras, leituras e participando de debates. É nessa época também que virou "camelô da cultura", como gostava de afirmar, vendendo seus livros editados à própria custa.

José Elias, um dos proprietários do restaurante Gigetto, no centro de São Paulo, relembra a luta de Plínio para vender seus livros:

> Primeiro ele vendia nas filas dos teatros e depois vinha pra cá. Chegava na mesa, colocava os livros em frente às pessoas e até conseguia vender bem... Como alguns clientes começaram a reclamar e eu já conhecia o Plínio há algum tempo, cheguei nele e perguntei o que estava acontecendo, porque ele ficava vendendo livros de mesa em mesa em restaurantes e tal. Ele me disse: "Elias, se eu não vender meus livros, eu não posso comer, não posso almoçar, nem jantar". Foi aí que eu disse: "Olha, Plínio, se depender disso, você pode vir almoçar e jantar todos os dias aqui sem pagar nada". Isso eu fiz pela amizade, respeito e admiração que tinha por ele. E ele ficou comendo aqui por mais de vinte anos. Nos bons tempos era sempre o último a ir embora. Ficava batendo papo com os amigos, o pessoal do teatro e tal. Era uma pessoa muito boa e ficava sempre na dele. Você só não podia botar a mão nele, que era a coisa que ele mais detestava nesse mundo. [risos] Ele não gostava de jeito nenhum. Algumas pessoas que não o conheciam e faziam isso escutavam um monte. Mas no fundo ele era muito boa gente. Sempre que pintava alguma confusão ou briga, ele fazia questão de conversar, de separar. Uma noite, por volta das quatro da manhã, o Carlos Lacerda estava bêbado e mandaram chamar o Plínio. Ele chegou e mandou

---
[6] Idem, 17/9/2000.

logo: "Puta merda, Lacerda, você tá bêbado? Vamos, vou te levar embora!". E levou o Lacerda pra casa.[7]

Walderez de Barros conta mais sobre esse período:

> O Plínio tinha vários canais de atuação. O teatro, com suas peças, as crônicas dos jornais e tudo aquilo que ele escrevia, desde panfletos até manifestos. A atitude dele de vender seus livros na rua era também uma forma de produção, uma postura, uma denúncia, equivale a uma peça ou uma crônica contundente. Sua presença nas ruas era a denúncia de uma dura situação que estava acontecendo.[8]

Plínio, de certa forma, com todo o cerco sobre sua obra, optou por pequenas montagens em teatros periféricos e pela luta constante por liberdades democráticas. Entrincheirou-se nos jornais alternativos e vez ou outra na grande imprensa, mas logo era mandado embora por uma crônica em defesa de um grande escritor ou artista que estava sendo perseguido, por defender as causas da classe futebolística ou ainda por causa de um texto acusando a polícia por maus-tratos e violência contra trabalhadores, ambulantes ou artistas de rua.

Mesmo amargurando os vetos de suas obras, Plínio não deixava barato e, a cada crônica, apontava e criticava os métodos utilizados pelo sistema. Escolhemos um momento exemplar da crônica de Plínio Marcos para ilustrar o quanto ele foi solidário com os amigos em momentos difíceis:

> O Sérgio Jockeyman chamou num canto do estúdio da televisão Piratini, de Porto Alegre, o brilhante escritor e jornalista Josué Guimarães e levou o papo:
> – Olha, tchê, eu sinto muito, mas tu fostes cortado do programa.
> – Mas por quê, tchê? Tu não vais me dizer que não estavam agradando as crônicas que eu apresentava.
> – Estavam agradando até demais, Josué.
> – Então, por que estou fora, tchê?
> – São ordens da direção...
> – Me explique isso direito, Sérgio. Se não, tu me enlouquece, tchê.
> – Vou te contar, tchê. Mas isso não pode ser divulgado. Vieram

---
[7] Idem, 20/3/2000.
[8] Idem, ibidem.

dois homens do sistema aí e pressionaram a direção da casa para te mandar embora.

— Mas por que isso, tchê? Nada do que eu tenha dito no programa pode ser considerado subversivo ou contestatório ao sistema.

— Eu sei. Mas disseram que tu tens uma ação subversiva na tua vida privada e na tua atuação no jornalismo... Conheço vários casos assim. Eu mesmo já fui vítima desse tipo de xaveco várias vezes... O general Geisel por certo não sabe que esses fatos acontecem em nosso país, quando diz na televisão francesa que aqui no Brasil não existe desrespeito aos direitos humanos.[9]

Mas a verdade é que não podia contar com o apoio dessa mesma imprensa. Na crônica que segue, Plínio revela o quanto foi abandonado em alguns momentos por seus colegas jornalistas.

Conheço a catimba. Meio chateado (só meio chateado) fiquei com o pessoal do Sindicato dos Jornalistas. Eu estava lá na Polícia Federal respondendo a um interrogatório, quando chegou uma comissão do Sindicato dos Jornalistas a fim de visitar o brilhante colunista e bom amigo Lourenço Diaféria, que estava preso. O presidente do Sindicato me viu, falou comigo e não me disse nada. Pediu para o delegado que me interrogava pra visitar o Lourenço. Fomos todos, até eu. Levamos um papo com o Lourenço, a comissão foi embora e eu voltei para o interrogatório. Até o delegado se admirou pelo fato de a comissão não se interessar pelo meu caso. Eu expliquei com sinceridade:

— Sabe como é, eles são do Sindicato dos Jornalistas e eu não sou jornalista. O Ministério do Trabalho não me reconhece como jornalista. E o sindicato cuida dos sindicalizados.[10]

Vera Artaxo confirma o abandono de Plínio pela imprensa:

Plínio perdeu espaço porque não conseguiu tirar o registro no Sindicato dos Jornalistas. Em 1969, passou a vigorar a lei da regulamentação da profissão. Todas as redações naquela época poderiam ter dois terços do pessoal formado e um terço da equipe não formada. Durante alguns anos, as redações funcionaram dessa maneira. Mas em 1969, se você provasse que já havia trabalhado durante dois anos com jornalismo antes de 1969, que foi o ano da lei de regulamentação, conseguia seu registro profissional, contanto que o Sindicato aprovasse. Mas o Sindicato não se

---

[9] "Coisas da aldeia do desconsolo", *Folha de S.Paulo*, Ilustrada, 13/7/1977.
[10] Crônica sem título, *Diário da Noite*, 11/12/1978. Ver, neste livro, p. 146.

manifestou e ele não conseguiu o registro profissional. Isso foi no começo de 1970. Naquela época, a pressão do Sindicato sobre os jornais no sentido de reserva de mercado para os jornalistas era muito grande e ele não era jornalista. Aí começou a ficar mais difícil. Foi quando ele passou a escrever esporadicamente para algumas revistas, como a *Status*.[11]

Mesmo com todos os reveses pelos quais passou, Plínio não se entregou e continuava a escancarar na cara dos governantes o que estava vivendo e sentindo na pele. De sua crônica política, praticada durante o regime militar, sobram exemplos de luta contra os ditadores e de solidariedade com os amigos e com o povo:

> Temos que acabar com as injustiças sociais, a miséria do povo brasileiro é muito grande, e é essa miséria que é o foco de rebeliões, de desespero, de insatisfações. Não vai ser fingindo que a miséria não existe que vamos desenvolver o país. Temos que encontrar fórmulas de distribuição de riquezas. E essa fórmula não é tão complicada como os economistas querem fazer crer. Uma lei rigorosa contra a remessa de lucros para o estrangeiro já seria um belo passo para o desenvolvimento brasileiro. Mas é claro que uma medida dessas vai desagradar a muitas empresas e à gente que posa de importante e revolucionária, mas que não passa de testa-de-ferro dos interesses estrangeiros.[12]

Pode-se observar que as coisas não mudaram tanto assim. Os temas de suas crônicas nos anos 1960 e 1970 continuam atuais, as mazelas são as mesmas, as personagens em muitos casos são as mesmas, algumas mudaram apenas de lado, ou revelaram a verdadeira cara, depois que deixaram cair a máscara.

Plínio não apenas denunciava, sempre teve esperanças e propostas. O cronista jamais deu trégua aos generais de plantão no planalto e aos paramilitares elevados a cargos públicos como prefeitos, governadores e senadores. Com eles, foi duro e quase sempre cáustico, corrosivo, puro escárnio.

> O Golbery, nas quebradas do mundaréu, é conhecido como "papel de bala". Gruda fácil. Vai continuar ministro de alguma coisa no governo Figueiredo.[13]

---

[11] Entrevista concedida a Javier Contreras e Vinícius Pinheiro, 30/10/2000.
[12] *Folha de S.Paulo*, junho de 1977.
[13] *Movimento*, 27/11/1978 a 3/12/1978.

Figueiredo disse: "Eu sou um velho frouxo". E todo o mundo acreditou.[14]

Alguém falou para o Geisel que se votava em cabina privada. E ele, que não tem prática de eleição, já com a cédula na mão, entrou no banheiro das senhoras, em vez de entrar na cabina de votação. Quase que ele depositou o voto na latrina. Mas na latrina ele devia botar os biônicos, todos.[15]

Outros temas atuais como a violência urbana, a delinqüência juvenil, os meninos de rua ou a condição assustadora dos presídios brasileiros também são uma constante nas crônicas de Plínio, ainda que crônicas explosivas escritas em 1977 – denunciando o Esquadrão da Morte pelo assassinato de 75 pessoas – hoje pareçam pífias quando comparadas aos atuais números alarmantes de mortes praticadas por policiais civis e militares.

Está na hora de começarmos a promover estudos sobre a realidade nacional. Não é mais possível marginalizar a mocidade, que não aceita as mentiras que os canastrões querem nos impingir.[16]

Um saltimbanco em defesa do povo

Eu quero o respeito pela manifestação espontânea do povão, sempre lesado e marginalizado da sua própria história.
Plínio Marcos

Plínio, antes de mais nada, era um observador. Olhava atentamente o que acontecia ao seu redor e cantava sua aldeia. E foi assim, do grito do artista anônimo, que surgiu a voz agoniada e sem temperos de sua gente.

O texto de Plínio é um tapa na cara da sociedade e suas limitações e contradições. Mais do que isso, é um soco na boca do

---
[14] *Movimento*, 20/11/1978 a 26/11/1978.
[15] Idem, ibidem.
[16] *Folha de S.Paulo*, Ilustrada, junho de 1977.

estômago, é navalha na carne, uma visão sem piedade, mas com muito amor e humanismo.

Se, como dizem por aí, a obra se confunde com o autor, Plínio é representação legítima do olhar do oprimido, do sorriso dos que não têm dentes, do suor do trabalhador, da esperança do jovem, da filosofia barata do bêbado, da angústia do artista desesperançado, do "psiu" amargo da boca da prostituta, da ginga do malandro de rua...

> Maldito seja eu e que escarrem no meu nome, se algum dia eu deixar de ir ao encontro dos que vêm de mim, por preguiça ou apodrecido pelo sucesso. Que me desprezem se eu achar que algum lugar dessa pátria que eu amo é longe de onde eu moro. Não me deixem sozinho agora que estou com mais do que mereço, meus amigos e irmãos. Agora, mais do que nunca, eu preciso dos perdedores do meu lado, preciso dos encarcerados, dos perseguidos, preciso dos cassados e dos impedidos de participar da vida nacional. Preciso dos que anseiam por justiça e dos desesperançados. Preciso dos famintos e dos enfermos. Preciso dos meus fantasmas de sempre. Porque eu não quero nada sem estar com eles. Eu quero a liberdade de expressão no território brasileiro. Eu quero a dignidade para o homem brasileiro. Eu quero o trabalho com remuneração que dê para todos os homens adquirirem seu pão, seu teto, seu fogo, seu livro. Eu quero o respeito pela manifestação espontânea do povão, sempre lesado e marginalizado da sua própria história.[17]

Plínio se traduzia exatamente dessa forma. Era a voz que se rebelava contra a sujeira que rondava nos labirintos do poder opressor. Várias de suas crônicas exploram bem esse outro lado da moeda, a banda podre das situações. Em uma delas – em que se discutia a questão do divórcio no Brasil – Plínio demonstrou bem a demagogia da sociedade:

> Diante da religião, imoral não é o desquite, nem o divórcio. Diante da religião, imoral é o contrato de casamento civil, que só estipula as garantias materiais... Primeiramente é preciso que se diga alguma coisa aos idiotas que pensam que preservar família é manter a família na ignorância. Ou seja, os tolos acham que um pai e uma mãe que vivem

---

[17] "Um saltimbanco em busca do seu povo", *Folha de S.Paulo*, 23/7/1977. Ver, neste livro, p. 127.

trocando ofensas e bolachadas na frente dos filhos são uma família e que se não houver o divórcio eles vão ter que permanecer juntos. E se permanecerem juntos, a família está preservada. Por que enquanto se discute o divórcio não se discute a realidade? Discutir divórcio nesse momento é escapismo puro.[18]

Com o crescimento contínuo das pequenas cidades e a explosão das metrópoles, cada vez mais problemas de ordem social invadem suas bases e transformam num caos os lares brasileiros. Mendicância generalizada em cada esquina, crianças pelas ruas, inquietude nas almas dos desajustados. Mas o que realmente é ajustado? No mundo em que vivemos, onde o lado humano é cada vez mais escasso, Plínio foi generoso o suficiente para compartilhar a dor de seu povo.

Sem que a integridade de cada cidadão seja respeitada, não pode haver desenvolvimento. Sem desenvolvimento, não há a menor possibilidade de se conseguir uma vida decente para o povo. Não haverá trabalho para todos e a maioria dos empregos será sempre de salários miseráveis que aviltarão e amesquinharão cada vez mais o homem.[19]

Na mesma crônica, são colocados outros agravantes que até hoje fazem parte de nossa história, como a migração da população de estados brasileiros mais pobres para as grandes capitais, a violência surgida da miséria absoluta e o crescimento constante da marginalidade.

Como a miséria é muita, todo o mundo se mete nos negócios de drogas, prostituição e venda de proteção e aí acabam se matando para garantir seus negócios contra os que vão chegando, vindos de outros lugares. Se uma pessoa sai de seu lugar de origem é porque não tinha a menor condição de ficar. E isso é um fato. Não é ficção. É a realidade de nosso país. Para que se possa corrigir essas distorções sociais é necessário que não se concentre toda a vida econômica em um ou dois estados apenas.

Outra questão social levantada arduamente por Plínio foi o racismo na televisão brasileira. Na novela *A cabana do Pai Tomás*,

---
[18] "O divórcio e a família", *Última Hora*, s. d.
[19] "O caos não vai servir para nada", *Folha de S.Paulo*, 3/9/1977.

de 1979, exibida pela Rede Globo, o papel principal coube ao ator Sérgio Cardoso que, para interpretá-lo, se tingiu de negro. A personagem, que era negra, foi parar nas mãos do ator branco com a alegação da emissora de que não existia ator negro capaz de agradar o público e o ibope.

Para Plínio, que fora um dos protagonistas de um dos maiores sucessos da teledramaturgia brasileira, a novela *Beto Rockfeller*, os atores negros foram desrespeitados pela direção da Globo. O mais interessante e contraditório na história toda é que a novela é um romance contra a escravidão que imperou no Brasil.

Plínio escreveu mais de uma dezena de crônicas sobre o assunto para mostrar a clara indignação da classe artística e da comunidade negra. Em uma delas, cedeu espaço para que o ator Antônio Pitanga desse seu recado.

> Vivemos numa época em que se quer que as pessoas sejam iguais e está acontecendo uma coisa dessas. É um absurdo. Um absurdo ridículo, o que é pior. Atores como Edson Lopes, Procópio Mariano, Milton Gonçalves, Grande Otelo e muitos outros estão desempregados. Bem que poderiam ser utilizados. Quase não acredito numa coisa dessas. É estúpida.[20]

Anjos caídos nas ruas famintas da cidade

> *Não terá eco esse desesperado grito de miséria na consciência dos cidadãos contribuintes?*
> Plínio Marcos

Plínio costumava citar um verso do poeta e teatrólogo alemão Bertolt Brecht que diz: "Só um vidro separa o pão da fome". Mas rebatia: "Mas existem as metrancas protegendo o vidro para impedir que a fome quebre esse vidro". Esse pensamento representou para Plínio o pouco valor que as pessoas têm dado a suas próprias vidas e à vida do próximo. A violência continua a imperar, cada

---

[20] "Esta é a revolta dos negros", *Folha da Tarde*, 14/5/1979.

vez mais forte, assim como a fome. A população mata ou morre por um pedaço de pão.

> Pálido de espanto, constato que o medo é tanto e mora dentro de tantos, que até os amesquinhados por mil e uma fomes berradoras, em fúria, trucidam o que não se conteve, o que quis quebrar os vidros. E matam e trucidam na vã esperança de acabar com a violência que os aperta num terrível sufoco. Matam e trucidam o que não se conteve e quebrou o vidro que separava sua fome do pão, para mostrarem que não acreditam na polícia, mas que anseiam por justiça e ordem que não têm. Justiça e ordem das quais são desvalidos os famintos... E assim vai morrendo um povo que era generoso. Vai morrendo no desespero de se ver morrer.[21]

Plínio era agressivamente sincero e não aceitava que as camadas sociais mais abastadas continuassem classificando os marginalizados como marginais ou animais sem alma ou coração. Para o cronista, eles eram representados por anjos caídos e reprimidos por uma sociedade que ainda não aprendeu a lidar com seu povo com o humanismo necessário.

O caso do pivete Grilo foi apenas um entre os vários que acontecem por aí até hoje. Preso aos 18 anos, quando já havia matado quatro, mandou o quinto falar com Deus assim que chegou à cadeia. "É que tenho dedo mole no gatilho e não vacilo com otário", costumava dizer.

Muito se falou de sua personalidade. Afirmaram que era frio e que matava por gosto. Mas quem pôde fazer uma análise de sua infância, logo soube que Grilo era apenas mais um pobre menino abandonado e violentado pelo descaso. Desesperado, matou quem julgava necessário para sua sobrevivência. Na verdade, somente ansiava por um mínimo de respeito humano e em recuperar a honra que havia perdido no reformatório (havia sido violentado sexualmente). Hoje, existem milhares de Grilos perambulando pelas marginais das cidades brasileiras e quase nada é feito.

Esta é a situação do menor abandonado, do menino de rua do Brasil. Muito se fala, pouco se faz. Para que não possam perturbar mais o sossego do cidadão, as ações mais diretas se resumem a

---
[21] "Quando a vida humana não tem valor", *Folha de S.Paulo*, 31/8/1977.

trancafiá-los em instituições comprovadamente ineficientes e violentas como a Febem (Fundação do Bem-Estar do Menor) que, em vez de trabalhar uma forma justa de ajudá-los, abusa do poder com a prática de tortura e espancamento, resultando nas rebeliões em série que acontecem até hoje.

 Esses anjos escapados do monturo estão, com suas agressões, dando troco puro do que receberam da sociedade. Quando atacam estão fazendo a devolução do desamor que receberam de nós todos, cidadãos contribuintes, que só queremos não ser incomodados por esse bando de criaturas já não reconhecidas como nossos semelhantes, tudo porque nós mesmos negligenciamos em relação a eles e permitimos que se criassem na miséria, sem terem os mesmos conceitos de bem e de mal, de certo e de errado, que norteiam nossas vidas de cidadãos contribuintes.[22]

---

[22] "Um monturo só de anjos", *Última Hora*, 4/6/1974.

Álbum da família, com os pais e irmãos. Plínio é o segundo garoto, da direita para a esquerda.

Página anterior: Plínio posa com seu amuleto preferido. (*foto de Marcos Muzzi*)

Plínio (o adulto na foto) como o palhaço Frajola nos anos 50, em Santos.

O time de futebol Sentimento F.C. Plínio é o quinto da esquerda para a direita, agachado.

Com Walderez de Barros e os filhos Kiko e Leo Lama.

Plínio, Walderez e os filhos Leo Lama, Kiko e Ana.

Hora de descanso em seu sítio em Ribeirão Pires, no início dos anos 70.

Plínio contando histórias em show de samba com Zeca da Casa Verde, Geraldo Filme e Toniquinho Batuqueiro.

Capa do livro *Dois perdidos numa noite suja*, lançado em 1988 no Salon du Livre, em Paris.

Plínio e Ademir Rocha em montagem de Dois Perdidos Numa Noite Suja.
(*foto de Derly Marques*)

Plínio em palestra para estudantes da Universidade de São Paulo.

Com o amigo Adoniran Barbosa.

Plínio com valente santista, o Nego Orlando, em entrevista para o *Última Hora*, em julho de 1969.

Roda de samba com os amigos Zeca da Casa Verde, Geraldo Filme e Toniquinho Batuqueiro.

Plínio com Procópio Ferreira, Ewerton de Castro e outros na estréia da peça O Poeta da Vila e seus Amores.

Vendendo seus livros como um autêntico camelô.

Com Neville de Almeida e Vera Ficher no lançamento do filme Navalha na Carne.

Com Vera Artaxo em visita ao Ministério da Cultura, em Paris, 1998.

Com o amigo e proprietário do restaurante Gigetto, José Elias.

Plínio e Cartão do Boné no desfile da Banda Redonda.

A última foto de Plínio, dois dias antes de sua morte. Com Leo Lama, Alberto Guzik, Mario Bortolotto (em pé), Dionísio Neto e Marcelo Rubens Paiva (sentados). (*foto de Cláudia Calabi*)

Navalha na rede

*Me dá pena ver essa lei safada, a lei do
passe, escravizando o jogador.*

Plínio Marcos

Plínio Marcos foi um autêntico cronista de futebol. Mais do que um especialista no esporte, foi um apaixonado. O talento para contar histórias era tamanho que conseguia levar o leitor de suas crônicas diretamente do papel para os gramados ou para a terra batida dos campos de várzea.

A paixão pode ser explicada: Plínio sempre quis ser jogador de futebol. De certa forma conseguiu, ao atuar pela equipe juvenil do clube do coração, o Jabaquara, e chegando a jogar em alguns times amadores do interior paulista.

É por esse motivo que, como não poderia deixar de ser, as histórias de futebol estão presentes em todos os veículos em que escreveu. A experiência que adquiriu nos tempos de jogador deu a Plínio uma sensibilidade ainda maior para entender o esporte e todas as suas "mumunhas". A prova disso está em suas crônicas.

Como representante do "povão que berra da geral sem nunca influir no resultado", Plínio cutucou com vara curta cartolas, "treineiros", árbitros e jogadores. O próprio Pelé, no auge da carreira e da consagração, não escapou da crítica afiada do cronista. "O povo brasileiro é bom, apaixonado, mas não amamenta monstros sagrados", diz na crônica "Valor se dá a quem tem", publicada no *Última Hora*, em 13/3/1974.

Como cronista esportivo, Plínio foi um dos primeiros a falar sobre a necessidade de se acabar com a lei do passe e regulamentar definitivamente a profissão de jogador de futebol como solução para livrar os outrora ídolos da torcida de um futuro incerto. A impressionante história do goleiro Veludo é um bom exemplo do lado humano da crônica de Plínio.

Meus cupinchas, o Veludo foi se acabar embaixo da trave do Canto do Rio, um timeco de Niterói. E se não bastasse essa desgraça, o Veludo pegou outras invertidas. Não teve gás pra se arrumar. Largou o futebol e foi caindo pelas tabelas. Puxou ronco no molhado, comeu o nojento pão da caridade. Ficou chué dos peitos. Apanhou outras pragas, se estrepou do primeiro ao quinto. Não era nem sombra do grande goleiro que foi. Sempre de caveira cheia de cachaça. Foi definhando, derretendo, sumindo. Foi encontrado numa sarjeta com um vira-lata a lhe lamber as medalhas. Cada ferida que não tinha mais tamanho. O cara que o encontrou espantou as moscas que botavam ovos nas perebas do goleiro. É de pena. O arrastou para um hospital. E lá o Veludo ficou de favor.[1]

Por essas e outras, ainda hoje encontram-se notícias de ex-jogadores em dificuldades financeiras. O último caso badalado pela mídia foi o do injustiçado goleiro Barbosa, titular da seleção na Copa de 1950, que morreu no início do ano 2000.

E Plínio não parava de denunciar. No curto período em que escreveu para a *Veja* (de outubro de 1975 a janeiro de 1976), o cronista atirou como uma metralhadora para todos os lados, mesmo falando somente sobre futebol. Logo em sua estréia, mandou um petardo na boca do estômago da ditadura militar:

> Quando um homem, ou um grupo, representando um sistema de comando que se instala por muitos e muitos anos no poder, por mais que pareça que está conseguindo progresso, em determinados momentos, não está. Está exatamente retardando o desenvolvimento. Porque os grupos que têm a tendência de se perpetuar no comando não economizam energias pra obscurecer as inteligências, tentando impedir, desse modo, o surgimento de forças vivas que possam se opor aos seus domínios. Dessa forma, à sombra desses poderes com tendência a serem perpétuos, só vicejam a mediocridade, os parasitas, os bajuladores.[2]

---

[1] "O homenageado se bronqueou com a homenagem", *Última Hora*, 14/3/1969. Ver, neste livro, p. 148.
[2] "Espiando a queda do Santos", *Veja*, 15/10/1975.

A crônica se referia ao início da decadência do Santos Futebol Clube – um ano após a era Pelé –, que foi desclassificado na fase final do Campeonato Brasileiro de 1975. No trecho citado, Plínio critica o grupo que havia anos comandava o clube e suas "mumunhas cavernosas". Mas tinha um duplo endereço. Da maneira como foi escrita, acabou sendo liberada pelos censores que não perceberam a "mumunha" do cronista.

Na semana seguinte, Plínio escreveria a polêmica crônica que, segundo ele, iniciaria sua derrocada e custaria futuramente o seu emprego na revista. "O atleta longe da sarjeta" inicia louvando a iniciativa do então presidente Ernesto Geisel de encaminhar ao Congresso o projeto de lei que instituía o Sistema de Apoio ao Atleta Profissional, ressaltando que casos como o do goleiro Veludo não poderiam voltar a acontecer.

As alfinetadas começam quando Plínio denuncia o "amadorismo marrom", mutreta que a CBD (Confederação Brasileira de Desportos), antiga denominação da CBF (Confederação Brasileira de Futebol) fazia para demonstrar apoio ao futebol amador, formando seleções amadoras com jogadores titulares de times profissionais. Uma vítima desse amadorismo marrom foi o jogador Estêvão.

O Estêvão, do Guarani de Campinas, é uma vítima desse amadorismo marrom inspirado pela CBD. Ele fazia parte da lista dos jogadores que não podiam se profissionalizar porque estavam à disposição da seleção amadora. Mas ele era titular da equipe profissional do Guarani. Só que ganhava como amador. Casa, comida e mil cruzeiros por mês. E não tinha como conseguir aumento. Por isso, ele teve que fazer um bico fora. Fazer bico, como qualquer pessoa. E o bico que o Estêvão arrumou era uma pelada remunerada na chácara de uns grã-finos. Era a única coisa que ele podia fazer para faturar mais um pouco. Afinal, jogar bola era o seu ofício. Sua profissão. A única coisa que sabia fazer. Só continuava como amador porque a CBD assim determinara. E como amador marrom, mal pago, o Estêvão foi defender mais uma grana. E acabou quebrando a perna.

O Estêvão, de perna quebrada, não serviu para o Guarani e menos ainda para a CBD. Resultado: perdeu os lugares que tinha e não sabe a quem apelar. De fato, como amador marrom, o Estêvão não tem qualquer direito a reivindicações trabalhistas nem pode recorrer ao Sindicato dos Atletas Profissionais. E nem terá direito, no futuro, a se beneficiar do Fundo de Assistência ao Atleta Profissional, projeto que o presidente Geisel enviou ao Congresso. Então, como fica o Estêvão? E esses outros que estão correndo nos campos como profissionais, mas que continuam amadores? É um problema que o Sindicato dos Atletas Profissionais devia ver com urgência.

Quanto ao fato de a CBD querer fazer boa figura nos campeonatos de futebol amador, tudo certo. Então, que cuide do futebol amador com carinho. E não lance mão de profissionais disfarçados. Os direitos dos craques da seleção amadora que disputa os Jogos Pan-Americanos não estão sendo preservados. Eles estão sendo impedidos de exercer livremente a profissão que escolheram, obrigados pela CBD a permanecer como amadores. Amadores marrons, contra a vontade. Os direitos do craque Estêvão não contaram na hora em que ele quebrou a perna.[3]

As duras críticas à CBD e a denúncia da não-profissionalização de jogadores para mantê-los amadores na seleção – portanto sem vínculos contratuais com os clubes – passaram pela censura, que provavelmente se iludiu com os "elogios" de Plínio ao presidente Geisel, no início da mesma crônica.

Claro que esse gesto do presidente Geisel mereceu os aplausos gerais. Dos atletas, naturalmente, porque eles serão os beneficiados, e da torcida, porque já estava cansada de ver os seus ídolos acabarem na sarjeta.[4]

Histórias da terra batida

Nós precisamos mais do futebol de várzea do que da Copa do Mundo.
Plínio Marcos

Foi com esta frase que Plínio Marcos encerrou a crônica "O burro e o roubo das camisas", em 14 de janeiro de 1976, para a revista *Veja*. Era o início de um período de transição que transfor-

---
[3] "O atleta longe da sarjeta", *Veja*, 22/10/1975.
[4] Idem, ibidem.

maria o esporte mais popular do país em um negócio milionário. E um dos maiores perdedores nesse jogo de interesses foi justamente o futebol de várzea.

Os campinhos de terra espalhados pelas periferias das cidades perdiam seu espaço para o advento cada vez maior de diversos conjuntos de edificações, centros industriais e estradas. Estava surgindo a era da especulação imobiliária no Brasil, financiada pelo BNH e que servia de instrumento para a difusão do "milagre brasileiro".

Os lugares onde Plínio ambientou a maioria de suas histórias estavam sendo enterrados. E, junto com eles, uma parte do romantismo do futebol, que cedeu lugar ao pragmatismo das transmissões televisivas e ao *show business*.

Presente em algumas crônicas futebolísticas, o hoje juiz de direito Péricles de Toledo Piza, o Bariri, conta um pouco de como era a várzea santista naquela época e a paixão do amigo Plínio pelo futebol:

> Plínio sempre esteve envolvido com o futebol santista desde que começou a jogar na várzea. Ele era mais de várzea do que de praia. Era um bom jogador. Jogava bem pela ponta esquerda e com muita propriedade. Quando tinha que encrencar, encrencava mesmo. Jogava com amor e valentia. Enfrentava qualquer zagueiro.
>
> Naquele tempo, o que imperava era a paixão pelo futebol. Cada bairro tinha sua equipe, sua turma e sempre aconteciam os campeonatos regionais de futebol de várzea. E que glória vencer o campeonato da várzea! Era muito difícil e a turma jogava com classe, garra e amor que hoje não vemos mais no futebol. O pessoal jogava porque gostava do time onde jogava. Hoje o jogador beija a camisa de qualquer equipe, mais pelo dinheiro que recebe do clube. O futebol se tornou um grande negócio. Jogadores e empresários ficam milionários. Não existe mais a paixão. O pessoal da várzea só pensava em poder jogar no time do coração: no Jabaquara, na Portuguesa Santista e no Santos. Ninguém pensava em jogar no São Paulo, no Corinthians ou no Palmeiras, muito menos no exterior. Definitivamente o fim da várzea com o crescimento imobiliário na cidade fez com que não aparecessem mais grandes craques por aqui, ao contrário de antigamente, quando Santos era considerado um celeiro de novos talentos.[5]

---

[5] Entrevista concedida a Javier Contreras, 7/1/2000.

Por toda a denúncia, as crônicas futebolísticas de Plínio Marcos são de grande importância. Na crônica "O burro e o roubo das camisas", ele alerta os leitores sobre o fim dos espaços tradicionais das peladas, que dão vida ao futebol e alimentam os grandes estádios:

> Não há boleiro que um dia tenha envergado a gloriosa camisa da Seleção Brasileira de futebol que não tenha dado seus primeiros quiquinhos num campinho do alto da pirambeira ou da beira da vala, lá nos cafundós das quebradas do mundaréu. Nesses campinhos carecas, esburacados, encravados em ladeiras, com traves de bambu, qualquer pelada, seja a valer chope, churrasco, caneco, ou simplesmente pra tirar uma teima, era sempre disputada com muito amor, esforço, garra, e a bola era sempre solada com a alma, ninguém correndo das divididas. Nesses campinhos se fez muita história. Histórias maravilhosas que foram passando de boca em boca, de geração a geração, até começarem a morrer diante do progresso, da necessidade de crescimento das grandes cidades. Nos lugares dos campinhos, sem nenhuma cerimônia foram se erguendo arranha-céus, viadutos, parques de estacionamento. E a escola de craques espontâneos, improvisadores, dribladores, sensacionais, que desmontavam esquemas, retrancas, desmoralizavam táticas e tal coisa e lousa, foi minguando. Começou a piar na parada o produto do futebol de salão, o craquinho de jogo miúdo, de toque de lado, que não sabia fazer a bola grande ficar redondinha. E isso se deve à falta de campinhos de várzea. Também faltam as histórias, falta a manifestação espontânea do povão, que é o que fazia a história. História genial de um futebol genial que vai se perdendo. A história, por falta de quem a registre; o futebol, por falta de espaço para campinhos. Mas é o tempo de cada um fazer o que pode, de tentar preservar os valores. Eu não posso nada, mas tento, faço o que posso. Sei de lances que vi ou escutei da boca das curriolas. E vou passando pra frente.[6]

Carlito Godoy, jogador que saiu das areias da praia de Santos e hoje também é juiz de direito, confirma as palavras do amigo e afirma que a cidade era um celeiro natural de craques.

> Havia dois lugares onde se podia encontrar novos talentos: na várzea, onde Plínio jogou, e na praia. Mas era da várzea que saía a

---

[6] "O burro e o roubo das camisas", *Veja*, 14/1/1976.

maioria dos jogadores, pois nem sempre um craque de praia se dá bem com chuteiras e gramado. O fim da várzea prejudicou bastante o futebol santista, principalmente o Jabuca [apelido do Jabaquara, equipe da região], mas as péssimas e sucessivas administrações dos clubes da região também colaboraram para esse quadro.[7]

São diversas as histórias de Plínio Marcos sobre o futebol de várzea. "Poéticas, trágicas, cômicas e algumas, até, fantásticas", afirma Carlito. Ele fala sobre os tempos em que jogou com Plínio:

> Nos anos 1970, chegamos a atuar juntos no Sentimento de Campinas, time que reunia artistas e ex-jogadores nos fins de ano para jogar, principalmente no interior de São Paulo. O dinheiro ganho com as partidas era revertido para caridade. Plínio costumava se autoproclamar como o melhor em campo. Ele atuava como ponta esquerda e jogava direitinho. [risos] Quando tive a oportunidade de vê-lo em campo ele já era um coroa. Não cheguei a conhecê-lo em Santos porque ele jogava bola na várzea, enquanto eu ficava mais ali pela praia. Mesmo atuando ao lado de jogadores famosos, ele acabava se transformando na atração principal das partidas. Naqueles tempos, atravessamos quase todo o estado de São Paulo no meu fusquinha...[8]

O fim do celeiro natural de craques em Santos coincidiu com o início da decadência dos clubes da região. O Jabaquara, do coração de Plínio, caiu para a última divisão do Campeonato Paulista. A Portuguesa Santista, apesar de figurar entre os principais clubes paulistas, não empolga sua torcida. Nos últimos vinte anos, o único título importante que o Santos "de glórias mil" conquistou foi o Campeonato Paulista, em 1984. Muito pouco para o time que já teve em seu elenco desde o goleiro Gilmar dos Santos Neves até o atacante Pelé, um verdadeiro esquadrão que conquistou o bicampeonato Mundial e a Libertadores da América.

---

[7] Entrevista concedida a Vinícius Pinheiro, 10/10/1999.
[8] Idem, ibidem.

Jabaquaradas

*Às vezes, o nosso Leão se finge de morto só
pra ver quem vai no seu enterro.*

Plínio Marcos

Todo brasileiro é um apaixonado por futebol. E Plínio Marcos não foge à regra. É torcedor fanático do Jabaquara Atlético Clube, o Leão da Caneleira, bairro de Santos.

Coincidentemente, no período em que escreveu crônicas com mais assiduidade (entre 1969 e 1977), o Jabaquara esteve afastado dos gramados. Em 1963, o clube foi rebaixado para a segunda divisão do futebol paulista e, quatro anos depois, pediu licença à Federação ficando ausente dos campeonatos por dez anos.

Mesmo nesse tempo, Plínio não deixou o Jabuca de lado. Algumas de suas melhores crônicas esportivas são sobre o clube. "O Jabaquara não morreu nem nunca morrerá", afirmava na época. Como ele mesmo disse: "Basta nascer em Santos pra torcer pro Jabuca. O cara lá pode ser torcedor do Santos, mas também é do Jabuca. É Corinthians e Jabuca. É Palmeiras e Jabuca. São Paulo e Jabuca".[9]

Uma das principais conquistas de seu time, o campeonato juvenil de 1956, foi imortalizada por Plínio na crônica "Povão de Santos precisa apoiar o Jabaquara". Plínio recria toda a tensão do momento em que Fininho, goleiro do Jabaquara, defende o pênalti batido por "um tal de Pelé", aos quarenta minutos do segundo tempo, que garantiu o empate e o título ao clube aurirrubro.

> A vida desse rei do futebol é contada em verso, prosa e história em quadrinhos. E ele merece. Mas ninguém conta o título que o Santos perdeu para o Jabaquara porque o Fininho defendeu um pênalti chutado pelo Pelé. Era o título do campeonato juvenil. Mas era um título. E essa parte da história do grande craque sendo omitida, é omitido o nome do Jabaquara. E não podem. O Jabaquara é maior do que todos![10]

---

[9] "Um grito na Baixada! Arriba Jabuca!", *Folha de S.Paulo*, Ilustrada, 16/8/1977
[10] "Povão de Santos precisa apoiar o Jabaquara", *Folha de S.Paulo*, Ilustrada, 2/9/1977.

O clube está presente em toda a história de Plínio. Desde o famoso roubo das chuteiras do Jabuca – praticado por ele e pelos companheiros de seu time de várzea, o infantil Vila Bancária – até a campanha de ajuda ao clube, em 1977. Na crônica "Um grito na Baixada: Arriba Jabuca!", o torcedor/cronista convocou artistas da cidade a fazer um *show* em benefício do Leão da Caneleira.

E na lista entrou um timão da pesada: Bete Mendes, Jonas Mello, Sérgio e Cláudio Mamberti, Sônia Rocha, Paulo Lara, Luís Américo e mais uma pá. O Sindicato dos Metalúrgicos seria um bom lugar pro *show*. Todo o mundo topava. Mas nós nem sabemos quem são os diretores do Jabuca. Como falaremos com eles? Mas a idéia está aí. Se a diretoria precisar de apoio de nós, velhos jabaquarenses, iremos correndo. O Jabuca mora em nosso coração. Ganhando ou perdendo, a gente está aí berrando com todas as forças do pulmão: Arriba Jabuca![11]

Se Plínio Marcos estiver certo, a atual fase do Jabuca é apenas um prenúncio de dias melhores. "Às vezes, o nosso Leão da Baixada se finge de morto pra ver quem vai no seu enterro. Depois ressurge. Mais belo. Mais forte."[12]

Plínio Marcos *x* crônica esportiva

> *Sei de lances que vi ou escutei da boca das curriolas. E vou passando pra frente.*
> Plínio Marcos

Em 5 de março de 1969, data de sua primeira crônica esportiva diária para o jornal *Última Hora*, Plínio Marcos mandava o seu recado: "Claro que toda a vez que a gente se inaugura numa nova jogada, tem que escrachar o lance. Dar o plá pra curriola se mancar no nosso assunto".

E o primeiro a ser escrachado por Plínio foi ninguém menos do que Nelson Rodrigues, um dos grandes cronistas esportivos da

---

[11] "Um grito na Baixada! Arriba Jabuca!", op. cit.
[12] Idem, ibidem.

história do jornalismo brasileiro. Ao mesmo tempo que reverencia o dramaturgo, Plínio tira uma "casquinha", fazendo uma comparação entre o Santos Futebol Clube – depois do Jabaquara, Plínio tinha uma queda pelo Santos – e o Fluminense (RJ), time do coração de Nelson.

> Eu que não sou trouxa, me agarrei no pio do cara que veio na frente. E agora estou aqui pra tentar a [crônica] diária. Mas logo de saída senti o peso da batota. Me toquei que não posso fazer nada pelo Santos de glórias mil. O alvinegro praiano é uma zorra. Torcer pro timão dos timões é até covardia. O Nelson, sim. Pode fazer coisas de monte pelo tricolor da Carioca. Também o Flu tem um futebol que é um escândalo. E o Nelson faz com seu talento o que os pernas-de-pau de seu time não fazem com a bola. O Nelson com seu realismo mágico faz até gol pro Fluminense. Muda resultado. Dá embalo pra torcida. Pinta os pernetas do time de heróis e entrucha as piranhas tricolores na seleção brasileira. Já eu não tenho nada pra fazer pelo Santos de glórias mil.[13]

Além de influenciar Plínio em sua crônica esportiva, Nelson Rodrigues deu conselhos a seu futuro herdeiro:

> Escuta aqui, ô rapaz. Não vai se metendo logo de saída a escrever crônica diária. Não entra nessa, não. Não entra nessa que tu cai do burro. Funde a tua cuca e daí tu já viu. Não escreve mais pra teatro. Vai uma vez por semana até pegar a cancha. Pode ir por mim. Eu conheço os macetes.[14]

Na arte de escrever sobre futebol, Nelson Rodrigues é considerado insuperável. Sua crônica esportiva é considerada um divisor de águas e fundamental para se entender essa paixão que move hoje milhões de brasileiros. Boa parte delas foi reunida no livro *À sombra das chuteiras imortais*.[15]

Assim como Nelson, Plínio Marcos é também um cronista que nada fica a dever a seu teatro. Ousamos afirmar o que Nelson Rodrigues não disse sobre a crônica de Plínio Marcos, quando o julgou seu sucessor no teatro brasileiro: Plínio também o sucede na crônica.

---

[13] "Eu e o meu Santos, Nelson Rodrigues e o seu Fluminense", *Última Hora*, 5/3/1969.
[14] Arquivo pessoal do autor.
[15] RODRIGUES, Nelson. *À sombra das chuteiras imortais*. São Paulo, Cia. das Letras, 1993.

Um olhar sobre Santos

Eu nasci para ser o cronista do cais do Porto de Santos. E juro por essa luz que me ilumina que vou ser.

Plínio Marcos

Era um cenário real. Todas as personagens dispostas sobre o grande palco das ruas. Os papéis principais designados a trabalhadores da estiva, cafetões, malandros, marujos, jogadores, punguistas, ladrões baratos, meninos de rua, prostitutas, engraxates, artistas anônimos, gente comum.

Ao fundo, o cais da zona portuária de Santos. Navios, guindastes, armazéns, bares, boates, hotéis e salões de jogos contextualizavam o cenário. Os néons e as placas coloridas se encarregavam de dar clima ao espetáculo.

Tudo pronto. As cortinas poderiam ser abertas, mas não havia um roteiro. Não havia previsão do que poderia vir a acontecer. Os diálogos não eram decorados, eram pura improvisação. As falas, cortantes como navalha. Era a linguagem das ruas, sem retoques ou babados. Os gestos, simples e corriqueiros. Nada mais verdadeiro. As personagens agiam entre si sem saber o desfecho de seus destinos.

Era a vida na mais pura essência, como ela é, sem cortes. Assim também é a obra de Plínio Marcos. Obra que se difunde com os recortes da vida do autor.

Para o poeta e cronista santista Narciso de Andrade, a realidade do cais é muito bem retratada pelo cronista. "O Plínio conhece bem esse assunto, já que trabalhou no cais. E por conviver nesse mundo, nesse lado obscuro da cidade, o Plínio pode, como ninguém, escrever sobre esse tema", reflete.

Por ser habitante deste universo e escrever sobre ele, Plínio ficou rotulado como escritor marginal. Na verdade, esse título, que tantos veículos de comunicação insistem em lhe dar, nada mais é do que sua incansável busca pela verdade. Verdade que começou a encontrar nas ruas e nos becos que se distribuíam nas marginais do cais de sua cidade.

Era lá que se poderia tentar compreender a alegria e a dor de uma gente, o desespero, a filosofia nas entrelinhas de uma conversa de botequim, a malandragem no jogo de dados e na sinuca, a valentia no braço, o amor solitário, o sol na cara pela manhã, retalhando mais um dia.

Seus textos traduzem essa escuridão humana, parcialmente iluminada pelas luzes alaranjadas que baixavam do porto santista. Narciso de Andrade conta que

> a noite de Santos era linda, misteriosa, muito marítima. Havia muitos marítimos que vinham para cá. Isso redundou no cenário do Plínio: *Abajur lilás, Navalha na carne...* tudo isso é um retrato da noite santista, exatamente como aconteceu. Ele foi fiel e competente para escrevê-la.[1]

A crônica de Plínio é apenas um espaço destinado para isso tudo. Em um de seus textos, na coluna "Navalha na carne", do jornal *Última Hora*, Plínio mostrou o retrato dos que conviviam no cais:

> Tudo o que Lino sabia aprendeu ali no cais do porto. Não era muito. Mas dava para escorar. Do nada sempre aparecia um naco de pão para enganar o estômago. Se virava bem. Segurava as pontas como desse. Foi bagrinho da estiva, chepa, lalau de café, arrumador, catraieiro, descarregou barco de pesca, desapertou em cima de gringo bebum, foi cafifa e os cambaus. O cais, de ponta a ponta, era sua casa. Portuário, estivador, malandrim e o cacete, sua curriola. As meninas da vida, seu gado. Foi ali. Ali mesmo, no cais do porto, que o Lino se tocou nos mistérios do dia-a-dia. Levou tanta pancada nos azares que se fez forte e sacana. Um escamador linha de frente.

---

[1] Entrevista concedida a Javier Contreras, Fred Maia e Vinícius Pinheiro, 29/9/1999.

Essa era a vida dura e real que Plínio iria incorporar em toda sua obra.

> Aprendi a viver na malandragem nas docas de Santos. Ninguém é malandro por vocação, mas por necessidade. Se o cara não consegue estudar, se não arranja logo trabalho, tem de aprender a se virar para não morrer de fome. O certo era haver oportunidade para todos.[2]

Nessa época de vacas magras, Plínio se virava como palhaço de circo. Mas a arte circense passava por maus bocados, ia de mal a pior e o autor ficava períodos desempregado. Foi assim que Plínio e grande parte de seus amigos passaram a viver na malandragem das docas no cais do porto. Alguns, no entanto, caíram forte de boca na criminalidade.

> Olha só os nomes deles, os que a polícia matou: Jacaré, Xororó, Noné. Estes outros que eu queria muito bem, estão presos: Feijoada, Chininha. Tem alguns que não sei onde andam: Manequinho, Babá, Búfalo, Soneca... Gente boa, gente que podia ter sido outra coisa na vida, gente que considero irmãos, que respeito e de quem sinto saudade. É por eles, talvez, que escrevo.[3]

E da mesma forma como o autor e seus companheiros tiveram de se virar pelas quebradas, centenas de personagens anônimas também tiveram que encarar de frente a realidade amarga que as envolvia sem piedade.

> Quando me pinoteei da casa da putana velha perebenta, me juntei à curriola do Tainha. Aí, a gente fazia o que podia. Ajudava a descarregar barco de pesca, roubava café da sacaria do caminhão, levava recado de puta, comia bundão de marujo veado, afanava qualquer bagulho que estivesse no bom jeito, engraxava sapato, campaneava boca-de-fumo e de jogo de ronda pros vagaus da pesada.[4]

Mas o menino Querô não estava só. Muitos iguais a ele perambulavam pelas ruas, vendendo amendoim, bala de hortelã, engraxando sapato e, quando possível, afanando a carteira de algum gringo de

---

[2] Entrevista concedida a Roberto Freire para a revista *Realidade*, em setembro de 1969.
[3] Idem, ibidem.
[4] MARCOS, Plínio. *Querô:* uma reportagem maldita. São Paulo, Publisher Brasil, 1999. p. 11.

cara cheia que estivesse vacilando pelas bocadas do cais da cidade. Nessa região, conhecida como "golfo", perto da alfândega da cidade, eram muitos os cabarés, as boates, os bares, restaurantes e cafés: Bar Restaurante Paquetá, Bar Churrascaria Pan American, Pastelaria Pavão de Ouro, Night and Day, Oslo Bar, Zanzibar, Bergen Bar, American Star Bar, Hotel dos Navegantes, Battan Bar, Top Set Churrascaria, Café La Bohème, Samba Dança Taxi Dancing, Flor do Cais, Chave de Ouro...

As ruas daquelas bocas tinham nomes – General Câmara, Brás Cubas, Xavier da Silveira e tantas outras quebradas –, mas não pertenciam a ninguém.

Era assim que se dava o jogo pela sobrevivência, pela vida, no cais de Santos. A correria em torno de cada novo navio estrangeiro que aportava na cidade acarretava as mais diversas manifestações. Trabalho para a estiva, excitação nas prostitutas, nos vendedores de quinquilharias, nos donos dos hotéis baratos, nos assaltantes e trapaceiros. Era o Jogo das Ruas, a arte de se virar em qualquer situação que aparecesse. Uma grande roda-viva.

Hoje, o cenário é outro. A decadência impera nas ruas próximas ao cais. O porto deixou de ser sinônimo de esperança para os habitantes daquele mundo. Não existe sombra do que passou por ali. Velhos prédios abandonados ou em ruínas são mostra do fim.

As personagens se recolheram por detrás do pano, em covas rasas ou atrás das celas dos presídios. Algumas sobreviveram, mas são tão anônimas que quase não podem ser vistas. Escondem-se em quartos caindo aos pedaços, onde até os ratos hesitariam em viver. São pessoas como quaisquer outras. Apenas, a chance não lhes bateu à porta. E elas continuam vivendo e aprendendo o cotidiano de uma gente preparada para encarar o que vier.

Valentões do Porto

*No braço não te conheço. Nas armas,
é pra quem der sorte.*

Nego Orlando

"Era uma curriola de respeito." Adegas, Simião, Peixinho, Toninho Navalhada, Maneco Lalau, Balu, Frederico Cabeleira, Ilhéu Peixeiro, China Show, Cabo Verde, Onça, Seu Miranda e, segundo Plínio, o maior de todos os valentões da noite santista, Nego Orlando.

> O cais do porto de Santos já foi uma das bocas de fogo das mais pesadas do mundo. Lá era broca. Ninguém enjeitava pau. O bicho que fugia do cacete não aparecia mais. Se desse as caras, virava o esparro. A curriola pegava no pé, dava biaba e esculachava. A ordem lá no golfo era encarar. Sempre. Do jeito que desse e viesse. Apanhar não é feio. Pega mau é tirar o time do campo na hora do sarrafo... Então o negócio era na base do agrião. Ninguém deixava nada no barato. E os valentes eram linha de frente mesmo.[5]

Assim acontecia em Santos. Em meio ao maquinário portuário e aos botecos de qualquer área da cidade, só quem possuía malandragem e valentia o suficiente largava na frente. Não deixava por menos. As confusões aconteciam a torto e a direito. Futebol, carteado, sinuca, mulher ou mesmo uma afirmação qualquer diante dos freqüentadores do cais eram os motivos para as brigas. Na mesma crônica, podemos observar:

> Não sei como começou o bochincho. Sei que teve um bate-boca na parede da estiva. Teve outro bate-caixa na ponte do barco. Mas teve o gango pra maneirar. E como os dois tinham valor provado, se respeitavam, se mediram, e deixaram o "vamos ver" pra mais tarde. Só pra não atrapalhar o batente da turma. E o tempo rolou e chegou a hora da verdade. Simião e Navalhada se toparam numa birosca das Docas, ali nas quebras do canal do mercado...[6]

---

[5] "Uma história do cais do porto de Santos", *Última Hora*, 27/4/1969. Ver, neste livro, p. 166.
[6] Idem, Ibidem.

Em outra crônica, publicada no *Última Hora*, Plínio mostra mais uma situação armada no cais:

> Primeiro ele encrencava por causa de cuca fundida. Depois se sentiu melhor e começou os achaques. O mulherio bandido teve que bufar uma grana pro Balalaica. Quem não deu arrego foi estarrado. Muita mina que apareceu boiando no estuário, comida de peixe e de navalha é da conta do sarará maldito. E na prensa, uma por uma das malhadeiras entraram na canoa do Balalaica. E o pinta tomou gosto. Foi apertando a prensa.[7]

A marginalidade santista se confundia com uma categoria que Plínio passou a chamar de valentões do cais. Gente que, pelo espírito de sobrevivência, não podia dar mole.

Universo diferente, totalmente distante das convenções sociais, a vida naquele mundo marginal foi e ainda é dura e sofrida. Mas tinha seus encantos, principalmente aos olhos sensíveis dos intelectuais e artistas da cidade, como Narciso de Andrade:

> A cidade tinha o lado família, que ia lá para o clube XV [lugar tradicional da região] e tinha um lado pecaminoso que era uma maravilha [risos], internacionalmente conhecido, que depois ficou sendo conhecido como "boca". Havia os bandidos. Na época eram conhecidos como valentões. Toninho Navalhada, Nego Orlando, Adegas, boa-pinta e bailarino. Era esse lado da cidade que interessava mais, o lado pitoresco. Havia uma elite na marginalidade. Naquele tempo tudo era muito diferente de hoje.[8]

Narciso comenta ainda que, apesar de possuir muita facilidade para se envolver com toda aquela malandragem, Plínio não era do jeito e nem agia como Toninho Navalhada, Simião ou Nego Orlando. "O Plínio era uma espécie de discípulo, observador, mas nunca foi marginal como eles", atenta.

Assim era a vida dos valentões de Santos, que não só perambulavam pelas ruas do cais como também vagavam por toda a região, da Ponta da Praia ao Marapé, bairros extremos da cidade.

---

[7] "O Balalaica", *Última Hora*. s. d.
[8] Entrevista concedida a Javier Contreras, Fred Maia e Vinícius Pinheiro, 29/9/1999.

Entre histórias reais e lendas, muitos foram presos ou sobreviveram ao jogo encardido das ruas. E nesse jogo não havia regras. Era uma questão de lugar e de situação! Naquelas quebradas, quem "piava" fora da dança ficava esculachado para sempre.

É a partir dessas relações marginais que muitas das histórias surgem. Segundo Plínio, as histórias de Nego Orlando, o maior de todos os valentões, se encaixam nesse contexto. Alguns viram muitas delas, muitos somente ouviram, outros leram.

Em várias de suas crônicas, Plínio relata como Nego Orlando se firmava como o maior valentão daquela época. Uma delas retrata um jogo de futebol na várzea santista. O placar marcava 0 x 0, quando um burro (o animal mesmo) entrou no campo e empacou em uma das áreas. Tremenda confusão. Pauladas e pontapés não faltaram. Foi aí que apelaram para o negrão, que não deixou barato:

– Tiro o burro do campo, mas com uma condição.
O crioulo não era mole e foi logo decretando.
– Se eu tirar o burro, meu time bate um pênalti; se marcar gol a taça é nossa.
A curriola riu muito. Depois, todo o mundo viu que não ia ter jeito; acabaram topando. O Nego Orlando se aproximou do animal. Respirou fundo e deu um tremendo soco no pescoço do burro. Uma pancada só, um golpe seco. O bicho nem gemeu. Caiu morto...[9]

Em outro texto, Plínio mostra como o respeitado personagem das ruas foi preso e levado a cumprir pena na cadeia da Ilha Anchieta, litoral paulista.

O Nego Orlando, entre uma sapatada e outra, avisava.
– Te manda Caroço, não quero te matar.
Mas o inimigo não escutava. Vinha cego pra cima do crioulo que só tinha que tirar o corpo da reta e carimbar. E foi numa dessas que acertou um cacete em cheio no Caroço. Ele rodou e se arreiou inteiro. No tombo, bateu a nuca no meio-fio. Não se mexeu mais.[10]

Estas são apenas algumas histórias que Plínio fez questão de escrever sobre os valentes de Santos. No entanto, realizando en-

---

[9] "Valentes de Santos", *Jornal da Orla*, 9/5/1999.
[10] MARCOS, Plínio. *Figurinha difícil*, op. cit., p. 77.

trevista para o jornal *Última Hora*, em 6/7/1969, Plínio esteve cara a cara com Nego Orlando, que abriu o jogo:

– Pois é! Foi sem remédio. Quem deve tem que pagar.
– Foi duro o troço lá na ilha?
– Nem te conto, meu chapa. A curriola se endoidou e botou pra quebrar... Apagaram uns que mereciam três mortes. Daquelas bem devagar. Morte doída pra eles sentirem bem... O China Show, o Boca Larga e o Gerico levaram uma batota pra escola que ficava perto. Foram berrando que iam fazer e acontecer com os filhos dos homens e com a professora. Seu moço, me encabritei. Lembrei dos meus pivetes. Avisei bem. "Não metam as fuças com os nenéns." Eles ciscaram. O China se mancou. Livrei a pele das crianças.

Com esse feito "heróico", Nego Orlando recebeu perdão judiciário e logo voltou para as ruas de Santos. Para Plínio, ele pode ser traduzido como o retrato perfeito da vida nas ruas, nas bocas, na barra pesada da vida.

– Tu se sente indo pro inferno?
– Eu não! Nunca fiz mal a ninguém.
– Mas dizem que tu é valente e tal e coisa. Que apronta.
– Bafo de boca! Valente eu? Valentia nunca deu camisa pra ninguém.
– Mas tu não come enrolado, come?
– Isso não! Mas isso não é questão de ser valente. É uma questão de homem. Não crio caso, mas não vou deixar ninguém atravessar o meu caminho. Vivo minha vida e deixo os outros viverem. Mas tem cara que procura. Aí já viu. Comigo encontra...

Uma cidade em transe

Onde eu for conhecido, serei como santista e como o escritor do povão de Santos.
Plínio Marcos

Santos é a cidade de Plínio Marcos. A cidade onde nasceu e onde foi formado o artista e o homem de lutas. Cidade do Santos Futebol Clube, mas também dos campos de várzea e do Jabaquara, clube do coração do autor.

Cidade do porto, de praias, bondes, canais de Saturnino de Brito e dos jardins na orla marítima. Cidade também de grandes artistas, como Plínio sempre afirmou em suas crônicas:

> Santos é uma cidade pródiga em grandes artistas, não canso de dizer. E não canso de citar o genial músico Gilberto Mendes, compositor respeitado no mundo inteiro... Morro de saudades do Flavinho Moura, um violão tão sonoro, um marco no cavaquinho... Do Hercílio Cruz... De tantos cantores, como Fernando Galvão, Gilberto Sanches, Nego Braga... Entre tantos, Luciano Fonseca se destacava sempre como um senhor cantante... Quando me firmei na TV Tupi, fiz de tudo pra levar o Flavinho, o Julinho Bittencourt e o Luciano pra lá. Mas, qual o quê? Nenhum deles quis deixar Santos. Uma pena. Sei lá se foi... Eles eram peixes, não saíam da beira da praia.[11]

Era a época pós-*Barrela* e do surgimento de Plínio no meio artístico do país. Segundo o poeta Narciso de Andrade, a cidade apresentava dois caminhos distintos, duas vertentes da classe artística. Era o confronto da arte burguesa já consagrada com a arte de pessoas dispostas a transformar e revolucionar todo o contexto de Santos.

> Isso aconteceu durante muito tempo e até hoje se reflete no comportamento da sociedade santista, com o perdão da má palavra, "sociedade". Contra esse lado, não direi contra, mas em contraposição a esse lado, existiam aqueles que acreditavam em uma nova forma de escrever, uma literatura mais séria, mais profunda, mais voltada para os homens e seus problemas, que não são e nem eram poucos. Queríamos uma literatura mais séria, mais concreta, mais humana.[12]

Nesse tempo, a cidade de Santos fervia culturalmente. Júlio Bittencourt, amigo de Plínio, conta um pouco sobre as reuniões do meio artístico na cidade litorânea:

> O pessoal se reunia no bairro do Gonzaga, onde o ponto de encontro era o bar Regina. Era sensacional. Hoje, eu não conheço nenhum lugar onde todas as pessoas que fazem teatro e se interessam por cinema, literatura, poesia se encontrem. Naquele tempo a vida era

---
[11] "Perdeu o melhor", *Jornal da Orla*, 14/3/1999.
[12] Entrevista concedida a Javier Contreras, Fred Maia e Vinícius Pinheiro, 29/9/1999.

diferente. Depois da meia-noite, estava todo o mundo no bar Regina e ficávamos até quando desse. A Pagu, o Geraldo Ferraz, o Plínio, o Paulo Lara, Vasco Nunes, Roldão Mendes Rosa, Narciso de Andrade, era uma turma enorme.[13]

Santos apresentou esse quadro por muito tempo, quando foi tomada de assalto, assim como o restante do Brasil. No início dos anos 1960, sua descaracterização foi forçada. A ditadura invadiu a cidade como uma gigantesca onda.

Local de fundamental importância para a história do país, o porto de Santos foi palco de acontecimentos que transformaram a nação. Desde a organização sindical às primeiras reivindicações trabalhistas e intensas greves. Foi lá também que a cidade se acotovelou para ver a sombra do navio-prisão Raul Soares se projetando sobre o cais. Era a longa noite da ditadura militar que se iniciava.

Golpeada de modo particular em 1964 e novamente em 1969, a cidade perdeu parte da misteriosa alquimia resultante da combinação de brilho, ousadia, originalidade e espírito de resistência que sempre a caracterizou. Mais que irreversíveis danos políticos e econômicos, a opressão comprometeu a identidade cultural e social de Santos e de seu povo, e os jovens foram as maiores vítimas, pelo que não sabem.[14]

A partir disso, Santos nunca mais foi a mesma. De Cidade Vermelha passou a cidade sitiada, sob intervenção. Era o fim de um tempo.

Plínio observou em suas crônicas o início dessa decadência. Nelas forjou seu espírito. Afinou os sentidos contra as injustiças, treinou instintos e músculos contra a opressão e a violência. Contra a censura e a perseguição que viria a sofrer dos militares, mas também da cidade que tanto amava e venerava.

Quando fui apresentar os *Dois perdidos* [em Santos] foi aquela cascata. As autoridades não queriam de jeito nenhum deixar o meu recado ser escancarado no palco do Coliseu. O povão, meu povão, firme lá. Duas mil pessoas rentes para ver o seu artista. Meu Deus, que coisa

---

[13] Entrevista concedida a Javier Contreras, 2/11/1999.
[14] SILVA, Ricardo Marques da & ALEXANDRINO, Carlos Mauri. *Sombras sobre Santos:* o longo caminho de volta. Santos, Secretaria Municipal da Cultura, 1998. p. 5.

linda! Fomos pras cabeceiras e, em lágrimas e na linguagem que a gente sempre falou no cais do porto e nas praias, agradeci o meu pessoal. Fui dizer obrigado e ir em cana. Mas deixa isso tudo de lado. Já se passaram três anos desta gronga. O que quero contar é que, depois disso, só fui a Santos pra responder a processo. Encabulei. Não pisei mais no solo firme e quente da minha ilha. Nunca mais representei *Dois perdidos numa noite suja* em lugar nenhum. Se não podia mais ser em Santos, eu não queria que fosse em outro pedaço. Me senti longe da minha cidade, marginal e tal e coisa.[15]

O episódio da prisão de Plínio durante a apresentação de *Dois perdidos numa noite suja* em Santos apresenta algumas versões. O advogado Carlos Augusto Corte Real, que livrou Plínio da cadeia nessa ocasião, relembra como aconteceu e afirma que as coisas poderiam ter sido piores:

Lembro que fui chamado às pressas para o teatro Coliseu, pois o Plínio havia sido detido em plena apresentação de *Dois perdidos numa noite suja*. Se não me engano, o Plínio se indignou com alguns cortes realizados pela censura, falou o texto na íntegra e começou a discursar contra o regime. A polícia de Santos, que já estava de sobreaviso, pois afinal de contas era o polêmico Plínio Marcos que estava apresentando uma peça, surgiu direto da platéia e o prendeu. Plínio foi levado para a delegacia e lá nós começamos a intervir a seu favor. Algumas pessoas da produção da peça também foram levadas pela polícia, mas Plínio assumiu toda a responsabilidade. Depois foi transferido para a Polícia Federal, mas acabamos conseguindo livrá-lo.

Naquela época, ser preso pela polícia significava uma apreensão muito grande, pois não se sabia o que podia acontecer. Os desaparecimentos e as mortes eram escamoteados, porém constantes. E o Plínio, como sempre foi em seu trabalho um crítico ferrenho da ditadura e da sociedade injusta com seus desabrigados e oprimidos, poderia ter sido prejudicado ainda mais do que apenas com a censura de suas peças e textos.[16]

Carlão do Boné, amigo que atuou em peças como *Jesus Homem* e filmes como *Nenê Bandalho*, acompanhou Plínio durante

---
[15] "Alegria é isso", *Última Hora*. s. d.
[16] Entrevista concedida a Javier Contreras, 27/1/2000.

as apresentações de *Dois perdidos* e pode falar com mais segurança sobre o que aconteceu:

> Na época do *Dois perdidos* eu trabalhava na produção da peça e a gente ia pra um monte de lugar. Foi quando aconteceu aquele episódio no teatro Coliseu de Santos. A verdade, acho que não tem problema a gente falar sobre isso hoje, é que a peça foi trazida pra Santos por um grupo de pessoas vítimas da ditadura militar. Eram pessoas que tinham familiares desaparecidos ou presos políticos. Bem, no dia da apresentação da peça, o teatro estava lotado e a polícia com certeza já estava de sobreaviso. O Plínio e o Ademir Rocha faziam os papéis e começaram a falar sem tirar uma vírgula do texto que havia sido previamente cortado. Logo depois o Plínio começou a falar sobre o que estava acontecendo, que o estavam impedindo de encenar e foi aquela coisa, prisão pra todo o mundo. Mas o Plínio acabou por assumir tudo e a gente foi liberado pelo doutor Corte Real, me lembro até hoje. Plínio foi liberado três dias depois, já em São Paulo. Mas o que deve ficar claro é que todo o dinheiro arrecadado da apresentação foi revertido para essas famílias. Não ficamos com nada.[17]

O "maldito" à casa torna

> *Cantando a gente da bela Ilha de Iemanjá*
> *eu serei universal. Não tem mais jeito. Por*
> *ser quem sou ninguém me apaga.*
>
> Plínio Marcos

Apesar de nunca ter retornado para viver em sua cidade natal, Plínio esteve presente em algumas oportunidades nada agradáveis, como acontecera anos antes na apresentação de *Dois perdidos*. Montada dezenove anos após o fim do AI-5, a peça *O assassinato do anão do caralho grande* teve de enfrentar a rejeição dos burocratas santistas, sendo vetada em sua pré-estréia, que aconteceria no Teatro Municipal de Santos, em 1997.

---

[17] Idem, 20/3/2000.

118

Primeiramente, a Secretaria de Cultura da Prefeitura alegou que o problema se deu por conta do não-agendamento prévio do Teatro. Em um segundo momento, a secretária de Cultura da época comunicou que o título da obra, dirigida por Marco Antônio Rodrigues, havia sido considerado inadequado para apresentação. A Secretaria também informou, no artigo "A baixaria de sempre", publicado no *Jornal da Orla* em 7/12/1997, que "a peça, baseada no livro *Na trilha dos saltimbancos*, tem como mensagem um ataque violento à autoridade, usando de baixaria (*sic*)".

Apesar de todos esses acontecimentos e da "censura disfarçada", segundo Plínio, o espetáculo terminou por estrear com sucesso no teatro do SESC-Santos. Para Plínio, esta, com certeza, foi apenas mais uma batalha em sua vida.

O Marco, como eu e mais nove artistas do elenco, é santista. O grupo todo se reuniu e votou uma pré-estréia em Santos. Pombas, nós somos peixeiros, amamos nossa terra, amamos nossa gente, então vamos lá. Santos tem um teatro municipal. O grupo requisitou três noites, com depósito adiantado. Tudo certo? Qual o quê... Quando a secretária de Cultura de Santos se tocou que o autor era eu e o diretor, o Marcão... O que fez ela? Proibiu a apresentação! (...) O que pesa na balança é que a nova secretária da Cultura tomou o Teatro Municipal como se fosse dela. Tomou o Marco Antônio de mim, de todo o elenco. Dizem que, com a inteligência que lhe é peculiar, ela alegou falta de coragem verbal: "Como eu iria dizer pro prefeito o nome da peça que iria entrar no teatro da prefeitura?"...[18]

Para Carlos Pinto, Santos nunca deu o devido valor à obra e à pessoa do amigo Plínio. Segundo ele, Plínio teve de procurar outro lar para mostrar seu valor por falta de incentivo.

Apesar de amar muito sua cidade, Plínio deve ter sentido um pouco de mágoa de Santos. Não de seus amigos, que lhe deram força. Mas da sociedade do "não". Essa sociedade que é contra tudo e a favor da não-construção. A cultura do não é o que existe aqui em Santos. A sociedade, como um todo, se volta contra aquelas pessoas que se sobressaem. E Plínio foi a mais importante delas. No entanto, ele ainda é visto como marginal. A sociedade o joga pra debaixo do tapete porque

---

[18] "A censura de sempre", *Jornal da Orla*, 29-30/11/1997. Ver, neste livro, p. 163.

ele tira a maçã podre do cesto e mostra: "olha ela aqui". Infelizmente a cidade de Santos ainda não reconhece seu maior artista. Plínio foi e sempre será ousado em suas criações. Na época do *Anão do caralho grande* não foi diferente. A ousadia foi rechaçada e, em pleno final de século, Plínio foi novamente vetado.[19]

Outro fato inusitado aconteceu com Plínio um ano depois. Em 8 de dezembro de 1998, Plínio Marcos recebeu da Câmara Municipal o título de Cidadão Santista, por iniciativa da vereadora Cassandra Maroni. No entanto, o que deveria ser uma cerimônia tranqüila, acabou se tornando mais uma polêmica envolvendo o nome do dramaturgo.

Ao encerrar seu discurso de saudação ao homenageado, a vereadora soltou um eloqüente "Saúde, Plínio Marcos! Puta que pariu, como é bom poder te homenagear". O palavrão causou espanto e perplexidade e o bloco governista da Câmara chegou a ameaçar a vereadora de cassação, alegando quebra de decoro parlamentar. O jornal *A Tribuna*, o mesmo que publicou o artigo de Pagu e no qual Plínio jamais foi convidado para escrever, chegou a pedir a cabeça de Cassandra em editorial.

Quando Plínio tomou conhecimento dos fatos, ameaçou devolver o título caso a vereadora fosse cassada. Temendo a "humilhação" de ter o reconhecimento negado pelo autor, fato que provavelmente seria inédito e ganharia repercussão política negativa, o processo acabou não vingando.

Curiosamente, apesar de a cidade muitas vezes lhe dar as costas, o orgulho de ser santista jamais o abandonou. A crônica de Plínio Marcos, portanto, ganha importância ainda maior quando o autor retrata os vários períodos que a cidade viveu. Plínio é legítimo, popular, solidário e valente. É cronista de um tempo e, com esse dom, imortaliza sua gente, personagens que escreveram uma história que não é contada nos livros.

> Eu sou santista de nascimento e de axé fincado. Sou quem sou porque me criei nas belas praias da Ilha de Iemanjá, porque paguei promessa em festa da Santa do Monte Serrat, porque joguei bola nos campos do Canal Cinco, porque parti para a profissão de ator fazendo

---

[19] Entrevista concedida a Javier Contreras, 14/11/1999.

show nas quermesses do Macuco, Marapé, Campo Grande e Bairro Chinês, porque o meu primeiro contrato foi no cirquinho do Macuco, o famoso Pavilhão Liberdade, porque bebi *chopp* no Bar Atlântico, porque dancei no Nacional e na Humanitária, porque freqüentei o 102 da Itororó, porque comi pastel do Shiro da rua XV, porque joguei sinuca no Acadêmico e no Bar Seleto de São Vicente. E é isso aí. Por essas e outras, escrevi minhas peças... Onde eu for conhecido, serei como santista e como o escritor do povão de Santos. Que se dane a censura. Cantando a gente da bela Ilha de Iemanjá eu serei universal. Não tem mais jeito. Por ser quem sou ninguém me apaga.[20]

---
[20] "Alegria é isso", op. cit., s. d.

Nossos encontros com Plínio

Nosso primeiro encontro com Plínio Marcos se deu numa quarta-feira, no mês de maio de 1999. Estávamos apreensivos, não sabíamos que recepção ele daria à nossa proposta. Várias pessoas nos garantiram que o primeiro contato seria difícil, mas melhoraria com o tempo.

De início, nossa idéia era realizar um estudo sobre a crônica em geral que, como gênero jornalístico e literário, sempre nos fascinou. Porém (e sempre tem um porém – como diria Plínio), ao iniciarmos nossa pesquisa, deparamo-nos com uma de suas crônicas publicadas na coluna "Janela santista", na página 8 do *Jornal da Orla*, periódico da cidade de Santos.

Foi amor à primeira vista. A riqueza de seu texto retratando personagens, fatos e lugares da cidade foi essencial para que tomássemos a decisão de escrever um livro que retratasse seu perfil como cronista e o momento histórico de seu tempo, exclusivamente por meio de sua crônica.

Felizmente, todas as previsões negativas sobre nosso encontro com Plínio foram frustradas. Plínio, além de nos tratar muito bem, brindou a visita com muitas histórias que posteriormente viríamos a encontrar em suas crônicas, com a vantagem de serem contadas pelo próprio narrador dos fatos. Por fim, fez uma promessa: escreveria um texto inédito para o livro.

Ainda viríamos a ter alguns breves encontros com Plínio antes de seus problemas de saúde começarem a se agravar, em setembro do mesmo ano. Durante um deles e nos surpreendendo mais uma vez, Plínio cedeu todos os originais de seu trabalho desde 1968 – totalizando cinco caixas – para que pudéssemos pesquisar em detalhes sua trajetória como cronista. Esse material foi trazido a Santos e ficou em nosso poder, uma atitude de confiança e enorme generosidade com a nossa proposta, pois, como viríamos a perceber momentos depois, ele não havia nos pedido nem um número de telefone para manter contato!

Ao abrir as caixas, percebemos de fato a dimensão e a importância do trabalho de Plínio Marcos. Tínhamos nas mãos a enorme responsabilidade de zelar pelo material, mas sobretudo demonstrar como o autor dominava a crônica em todas as suas possibilidades e o quanto fez do gênero o registro histórico de seu tempo, dando voz aos excluídos e marginalizados.

Mesmo debilitado com problemas de saúde, Plínio não deixou de nos receber e de contribuir com informações importantes para o desenvolvimento do livro. Contou histórias, lembrou personagens e fatos do início de sua carreira, desde os tempos em que atuava como o palhaço Frajola e conheceu Patrícia Galvão, até os momentos difíceis com a censura e as prisões pela ditadura militar. Indicou-nos também pessoas que deveríamos entrevistar e alguns de seus grandes amigos em Santos.

A cada novo encontro, Plínio reconhecia a importância de resgatarmos o tema "Santos" em seu trabalho. Chegamos a marcar um domingo para visitar a cidade juntos e passar por alguns dos lugares que freqüentou e descreveu em suas crônicas – o cais, o antigo "golfo", o mercado, o campo do Jabaquara...

Infelizmente, o desejo confessado por Plínio nessa visita – "preciso tomar um banho de mar para me curar de vez" – se realizou de forma inesperada. Plínio teve seu desejo cumprido quando suas cinzas foram jogadas ao mar de sua querida cidade, em dezembro de 1999.

Bem, temos como última tarefa a missão de substituir Plínio Marcos neste texto que, por questões alheias à sua vontade, não pôde escrever. É isso. Contra todas as previsões, testemunhamos: o grande cronista era também um homem afável, confiante e amigo.

Crônicas coligidas

Um saltimbanco em busca do seu povo

Folha de S.Paulo, 23/7/1977

As cartas que me chegam são sempre importantes, são dos amigos, são as boas notícias de que há gente neste mundo que acredita no que fazemos. De Paris, chega a confirmação de que *Dois perdidos numa noite suja* estréia mesmo lá em setembro. Em Madri, na bela Espanha em que o nosso querido García Lorca gostaria de viver os seus romances gitanos, hoje a bela Espanha a caminho de seu grande destino democrático, depois que a nuvem obscurantista do despotismo de Franco passou, me mandaram avisar que *Navalha na carne* será encenada lá. Entre os dramaturgos do povo, numa parede do Berliner Ensemble, um amigo brasileiro que esteve na Alemanha leu meu nome e me escreve comovido. No Rio de Janeiro, o Juca de Oliveira e o Osvaldo Loureiro lotam o Teatro Opinião com *Dois perdidos* e o Luís Gustavo e a Silvia Falkenburg se preparam para montar *Quando as máquinas param*.

Aqui em São Paulo, *O poeta da vila e seus amores* fica todas as noites a três de alto, com gente se agarrando pelos picos pra não espirrar pelo ladrão. E o meu livro de contos *Inútil pranto, inútil canto pelos anjos caídos* sai pela Editora Lampião, no começo do mês que vem. Tudo isso seria muito bonito, se o palco brasileiro fosse uma tribuna livre onde se pudessem discutir até as últimas conseqüências os problemas do homem. Mas, não é. E eu não tenho sossego. Meu espírito, que há um ano atrás se ardia de angústia quando, sem trabalho, eu andava pelos bares à noite vendendo meus livros pra sobreviver, agora se angustia mais ainda.

    Eu preciso andar. Estar junto mais do que nunca, com a gente minha, com os meninos, com os que estão chegando, com aqueles que deixam sob suspeita todos os que fazem sucesso, todos os que parecem vencedores. É necessário que eu fique junto com os que são limpos o bastante pra cobrar nossa dignidade a todo momento. Por isso, não vou à França, nem à Espanha, nem ainda fui ao Rio de Janeiro abraçar o Juca e o Loureiro, ou cuidar da estréia do Luís Gustavo. Vou a Mococa, que é lá que eu bebo na fonte, vou a Orlândia, que é lá que eu me renovo, vou a São Sebastião do Paraíso, onde eu me faço mais eu, vou a Tambaú, onde me inquieto, vou a Viçosa de Minas Gerais, saber da gente minha, vou a Porto Alegre, vou na Getúlio Vargas, vou em Guarulhos, vou a Moji das Cruzes. Longe das pompas, eu quero sempre me encontrar com o povo. Eu falo e ouço e me encho de fé sabendo que a cada momento em que o povo brasileiro sonha com a justiça, com a divisão dos pães, significa que mais cedo ou mais tarde nos respeitaremos por isso, que é essa nossa crença.

    Maldito seja eu e que escarrem no meu nome, se algum dia eu deixar de ir ao encontro dos que vêm de mim, por preguiça ou apodrecido pelo sucesso. Que me desprezem se eu achar que algum lugar dessa pátria que eu amo é longe de onde eu moro. Não me deixem sozinho agora que estou com mais do que mereço, meus amigos e irmãos. Superem meu temperamento difícil, meu modo agressivo e não me deixem sozinho. Não me deixem, nem por um minuto, mudar o meu rumo, me confundir, me enroscar, me levar a sério, acreditar no supérfluo, no nome do jornal. Agora, mais do que nunca, eu preciso dos perdedores do meu lado, preciso dos encarcerados, dos perseguidos, preciso dos cassados e dos impedidos de participar da vida nacional. Preciso dos que anseiam por justiça e dos desesperançados.

    Preciso dos famintos e dos enfermos. Preciso dos meus fantasmas de sempre. Porque eu não quero nada sem estar com eles. Nem Paris, nem Madri, nem nada. Nem o dinheiro, nem os aplausos, nem o retrato no jornal. Eu quero a liberdade de expressão no território brasileiro. Eu quero a dignidade para o homem brasileiro. Eu quero o trabalho com remuneração que dê pra todos os homens adquirirem seu pão, seu teto, seu fogo, seu livro. Eu quero o respeito pela manifestação espontânea do povão sempre lesado e marginalizado da sua própria história. Eu quero tudo isso na terra em que eu nasci e onde aprendi com meus pais, vizinhos, amigos, mestres e com os maiores, que seria assim.

Não me deixem, portanto, sozinho, nesse momento em que meu trabalho rompe barreiras e dá alguns frutos. Eu não quero esses frutos e tenho que achá-los sempre amargos, enquanto não houver justiça, liberdade de expressão no solo onde criarei meus filhos e se criarão os filhos dos meus irmãos, os filhos dos meus filhos e os filhos dos filhos dos meus irmãos. Não me deixem sozinho, não me tratem com deferências, não me dêem o melhor lugar à mesa. Pelo amor de Deus de nossa fé, não me deixem sozinho, não deixem que eu me perca de mim mesmo. E assim, um dia, quando o sol raiar e houver festa do povo nas ruas da agora triste Aldeia do Desconsolo, eu possa ter a única coisa que queria ser de verdade: um saltimbanco.

Impasse estudantil:
dia de tensão e medo

Folha de S.Paulo, 19/5/1977

Cada cronista tem seu processo de trabalho, suas fontes de inspiração ou de assuntos. Cada cronista tem suas mumunhas, seus truques, pra não se ver de repente sem ter o que escrever. As mumunhas podem ser a habilidade de juntar palavras que formem frases de efeito, mas que no final da crônica não digam absolutamente nada, e os truques podem ser, numa emergência, se recorrer ao baú e mandar pra frente coisa velha. Claro que esse truque envergonha até Mandrake de mafuá.

Nas espeluncas, quando, por força das circunstâncias, se vêem obrigados a reprisar um número, têm a delicadeza de fingir que o público não é idiota e, respeitosamente, anunciam que o repeteco vai ser dado atendendo a pedidos. E a platéia, mesmo sendo composta de gente que não pediu nada, aceita com compreensão. Mas, no jornal é diferente. O cronista que passa a vida tentando cativar leitores e que vive jurando pro seu editor, diretor e patrão que é lido por uma multidão, no íntimo não acredita que seja lido. E quando ataca de reprise, sempre o faz crendo que ninguém vai se mancar.

A bem da verdade, essa semana apelei. Terça-feira, estiquei o assunto e quarta-feira fui de baú. Mas, não foi por falta de assunto. Não que eu seja melhor que ninguém e vez ou outra não me sinta embananado sem ter o que dizer. Conheço bem minhas limitações. Sei que meu puçá tem vara curta e que por isso eu só pesco o que aparece boiando nas águas barrentas em que navego contra a maré. E por saber disso, me cuido. Fico atento. E nos dias tristes que correm, basta ficar com um olho aberto pra ver coisas suficientes pra entornar patuá até de nego de santo forte. Não é preciso nem abrir os dois olhos.

Por exemplo: terça-feira, eu poderia escrever sobre um lance cavernoso acontecido em Belo Horizonte. A polícia mineira baixou na praça da Liberdade, praça que por certo ainda não foi inaugurada, pegou 130 rapazes cabeludos e sem a mínima cerimônia raspou-lhes a cabeça. Deixou todo o mundo de coco pelado. E ficar careca com esse frio não é fácil. Mas deixa isso de lado. O que quero contar e o que pesa na balança é que a polícia mineira fez isso sob a alegação de que estava fustigando preventivamente criminosos, maconheiros e transviados. Por essas e outras é que o povão lesado das quebradas do mundaréu, lá da Baixada Fluminense, apelidou os seus ativos esquadrões da morte de polícia mineira.

Também poderia ter registrado o fato que ocorreu em Parada de Lucas, no Rio de Janeiro, quando o guarda de segurança de uma lixeira baleou as costas de um menino que estava catando o que comer no lixo. O guarda alegou que atirou no menino porque ainda não eram 17h30 e que antes desse horário é proibido catar lixo.

Claro que esses dois tristes casos dariam crônicas pungentes, inquietantes, e que dariam a medida exata dos sombrios dias que estamos vivendo e me deixaria certo de estar cumprindo com grandeza o destino de repórter de um tempo mau e de cronista de comportamento.

Também não pegaria mal escancarar as manobras dos cartolas corintianos que, desde que burlaram os estatutos do clube, em total desrespeito ao quadro associado e à torcida, que só berra da geral sem nunca influir no resultado, para permanecerem no seu posto, querem ganhar tudo nos conchavos de gabinete, tentando recuperar nos tapetões das federações os pontos perdidos no gramado pelo time de futebol.

Porém (e sempre tem um porém) nada disso me anima a escrever nesses dias. Meu coração e meu pensamento, como o de milhares de brasileiros, está angustiado pelo impasse que se criou na área estudantil. Os estudantes anunciaram um ato público para reivindicar seus direitos e a polícia garante que vai impedir esse ato.

É lícito que todos os homens de bem estejam apreensivos com o que possa ocorrer. Conflitos, violência, sangue só podem vir a beneficiar aqueles que querem afastar qualquer possibilidade de diálogo em nosso país.

Mas, também a juventude, principalmente a juventude, não está mais suportando o sufoco em que se encontra. Está necessitando de ar, de espaço, de se manifestar espontaneamente. E não será com repressão que haverá melhoras na situação. É necessário que se deixe o estudante e o povo respirarem. A tensão sob a qual estão vivendo todos os homens de bem deste país há muito tempo não pode ser sadia. Não vai contribuir para as soluções políticas, econômicas e sociais gravíssimas.

Desabafo

(Crônica não publicada, s. d.)

1 – Todos os tempos são de transição segundo as cabeças mais lúcidas da humanidade. E se a gente acredita nisso, também acaba acreditando que os azares fazem parte do jogo. Por essas e outras, eu nem me afobo. Aprendi, ainda pequeno, que o afobado come cru ou queima a boca e vou levando.

Recebo a revista *Veja* aos domingos, não por gentileza, mas porque sou assinante. Reúno a família e Dereca, Nado, Kiko e até a Aninha, que só tem 2 aninhos, fazem os lances depois da pergunta: Onde tem cara do Plínio Kid? Na página 82, na 80, na 37, na 40? Claro que eu brinco de me procurar nas páginas de *Veja* como alguém que joga a roleta-russa. Afinal eu vivo do que escrevo. E se não me encontro, podem crer, tremo nas bases. A Dereca sempre diz: "Estréia na semana que vem". Pega seu violão e toca triste. Mas planta a esperança onde existe desolação. E é assim que eu levo pra frente. Mesmo porque quem tem filho pra criar não pode cansar. A canseira é o fim. É a morte. E embora alguns pensem que eu morri, estou aí, empurrando minha sina de escritor. Depois dos 12 a 1 no STR [Supremo Tribunal Regional], não me acanhei. Fui pra casa e escrevi um romance. Que bom que o seu Jarbas Nobre acreditou em mim. Seu "um", me basta. Me revigora. Me estimula. Me faz prosseguir.

2 – E tem mais. Muito mais. Eu tenho dois olhos de ver e vejo. Vejo artistas que eu amo fazendo uma arte que eu entendo, uma

arte clara. Humanística. Arte de doação. A Marilena Ansaldi, a Marica Gidale, o Décio Otero, geniais bailarinos ou será que não são bailarinos? Ou será que são anjos? Ou apóstolos que se desnudam pra falar do amor? O Mino Carta e os seus quadros que fixam a solidão com a piedade dos que se inquietam diante dos grandes e corriqueiros problemas existenciais do dia-a-dia. E o *Doramundo*? O *Doramundo* ia ser filmado. Parou. A gente sente o aroma da perpétua. Mas alguém tem que continuar o projeto. *Doramundo* tem que ser filmado. Precisa ser filmado. Porque é uma obra-prima do romance. Porque seu autor, o ranheta Geraldo Ferraz, é um injustiçado na literatura brasileira e o autor do projeto do filme é um injustiçado diante da vida. É uma vítima de um brinquedo bobo. De gente boba. De gente que não percebe que a humanidade caminha apesar de todos os entraves. Vejo isso tudo e não me assombro. Tá certo, eu levo vantagem. A Dereca, atriz cheia de poesia, sem forma, atriz de textos sem palco, toca seu violão só pra mim e espera. Espera tranqüila, serena, os dias melhores que sabe que virão. Porque está manifestado na solidariedade que se recebe em cada esquina, em cada quarteirão, em cada sorriso, em cada abraço, em cada aperto de mão e nos "estamos aí" dos mais íntimos: da Etty Fraser, do Chico Martins, da Marlene França, do André Matarazzo, do Lau Barbeiro e das crianças que crescem e sorriem apreciando o sol do novo dia.

3 – Não, eu não me perco no meio da inversão de valores. Vejo o teatro, que é arte que escolhi pra me expressar, vejo o palco que escolhi como tribuna, ocupados pela artimanha. Me machuco. Mas me reencontro no que a Ilka Zanoto escreveu pro meu livro que não sai, no que o Sábato Magaldi escreveu no *Jornal da Tarde* pra peça que não sai, no depoimento que o Osmar Rodrigues Cruz deu pro Serviço Nacional de Teatro pra comemorar seus muitos anos de carreira e no silêncio do talento da Dereca, tocando seu violão só pra mim.

4 – Vejo Audálio Dantas serenamente bravo no meio da batalha, vejo Ulysses Guimarães serenamente bravo ganhando dimensão de estadista no meio das batalhas e não tenho direito de diante desses grandes homens do meu tempo de me sentir cansado. O ponteiro da bússola da minha fé não pára de apontar o caminho, os meus

faróis guias brilham em qualquer noite escura, brilham em qualquer poluição.

5 – D. Paulo Evaristo Arns, que beleza sua fala. Meu Deus, como tudo é tão pequeno diante do Deus da História. Único senhor de todas as vidas. Credor implacável de cada gota de sangue derramada. De cada página de papel borrada pelo verbo infame. Antes não me encontrar do que me encontrar morrendo. Antes não escrever do que escrever com cuidados pelo pão do dia de amanhã.

6 – Eu sou alegre porque sou grato de estar vivendo. Não sou cínico nem insensível diante do preço que a humanidade paga pra evoluir que, às vezes, ganha dimensão de tragédia. Não sou insensível nem diante dos pequenos fatos como por exemplo não me encontrar nas páginas de *Veja*, perder de 12 a 1. Mas sou alegre por estar vivo e me acreditar neste "um".

7 – Também me acredito nas cartas que chegam perguntando onde é que eu fui parar. Por que não estou? Nessas cartas me acredito e me alegro. Algumas vêm serenas, outras indignadas, mas todas vêm repletas dos mais puros sentimentos fraternos. Podem crer, eu gostaria de retribuir todo esse afeto, demonstrar toda solidariedade a toda hora pra cada um dos meus leitores. Mas eu, às vezes, não entro na fita, fico esperando a próxima semana com a emoção de quem aguarda a estréia. E tu que me procura nas páginas de *Veja* e não me acha, não se afobe. Me procure brincando de apostar com os teus próximos em que página eu estou. Na 80, na 82, na 59 ou na 26. Não esquenta a cabeça. O que não mata, engorda.

Espiando a violência das grandes cidades

(Crônica censurada)

Segundo os jornais de São Paulo do dia 13 de outubro de 1975, segunda-feira, no fim de semana houve sete crimes de morte e cinco tentativas de assassinato. Para o cronista Plínio Marcos, é um índice alarmante, principalmente comparando-se com a Argentina, que está à beira de uma guerra civil, onde, devido a agitações e violências políticas, no mesmo fim de semana morreram apenas vinte pessoas no país todo.

1 – A violência nas grandes cidades está atingindo índices de assombrar qualquer cidadão. Mas, assim mesmo, as pessoas parecem só tomar conhecimento dessa violência quando são vítimas dela. Quando a vítima é o vizinho, ninguém se afoba. Eu mesmo, que a toda hora boto esses meus olhos em cima de manchetes de jornais tipo "espremeu, sai sangue", ou talvez por isso mesmo, já nem ficava pálido de espanto diante de crimes abomináveis, escancarados em letras garrafais. Achava que era exagero. Achava. Não acho mais. Tudo porque na segunda-feira passada... Ou será na retrasada? Sei lá. Ainda não peguei embocadura de escrever pra revista semanal. O que sei é que foi na segunda-feira após a quinta-feira que entrou pra História, devido ao discurso do Ernesto Geisel, no qual ele falou da necessidade de a Petrobrás fazer contrato de risco. Localizada a segunda-feira, vamos em frente. Que eu não quero falar de petróleo, nem de contrato de risco. O que quero contar é que nessa segunda-feira de madrugada, abri um jornal e vi, ninguém me contou, vi, com esses olhos que a terra há de

comer um dia, duas manchetes que me entortaram o patuá. A primeira estava no alto da página: "Argentina: vinte mortos". E a segunda, no meio da página: "Fim de semana violento". E logo abaixo, essas explicações: "Polícia de São Paulo atendeu sete casos de morte e cinco tentativas".

2 – A Argentina, segundo os comentaristas políticos, só não está em guerra civil por questão de detalhes. Os chefes da situação não acham os chefes da oposição pra lhes entregar a declaração de guerra. Mas, mesmo sem cumprirem o protocolo, o pau quebra em cada esquina, e tal e coisa e lousa. Pois na Argentina, num fim de semana movimentado, só matam vinte. Na Argentina inteira. Num país inteiro, vinte. Num país agitado, prestes a entrar numa guerra civil, vinte. E em São Paulo, que é apenas uma cidade de um país onde reina a tranqüilidade e a concórdia, no mesmo fim de semana, sete assassinatos e cinco tentativas. E, se contarmos todos os crimes acontecidos nesse mesmo fim de semana, nas outras capitais brasileiras, a quantos crimes de morte chegaremos? Cinqüenta? Cem? Duzentos? E se juntarmos às capitais brasileiras, São João do Mereti, Nova Iguaçu, Caxias que, junto com Dallas City, são campeãs mundiais de bochincho? Quantos crimes de morte teremos no Brasil, num único fim de semana? Sei que só em São Paulo, sete vidas se acabaram a tiro, a faca e a marretada. E mais cinco só não se acabaram porque Deus não quis. É muito assassinato. Muita gente morta. Sem contar os atropelados e trombados no meio do trânsito ou afogados em piqueniques. Realmente é muita violência pra uma cidade de um país tranqüilo.

3 – Diante desse quadro cavernoso, me apresso a dizer que não sou capaz de análise. Conheço minhas limitações. Sei que meu puçá (rede de pescar siri) tem vara curta e que, por essas e outras, eu só pesco o que aparece boiando nas águas barrentas em que navego contra a maré. Mas esses cadáveres todos que viraram manchetes me fazem matutar. A Argentina, com seus vinte mortos de um fim de semana agitado, está à beira de uma revolução social. Não estaria o Brasil, com seus... sei lá quantos mortos de um fim de semana tranqüilo, à beira de uma convulsão social?

4 – Os mortos brasileiros não foram inventados por mim. Nem sou eu que estou inventando quando digo que o povão lesado das

quebradas do mundaréu está se tratando com mingau de araruta feito com leite de sapo e comendo capim amargo pela raiz. Tem muita gente que mora nas beiras do rio e quase se afoga toda vez que chove. Tem muita gente cansada de berrar da geral sem nunca influir no resultado. Pra essa gente, petróleo, contrato de risco, não quer dizer nada. O que lhes diz é a fome, má conselheira, que induz a besteiras, a violências inúteis, a gestos desesperados. Não será a miséria que está por trás desses crimes todos nas grandes cidades? Vai ver que é.

    Moral da história: todo poder corrompe. E o poder absoluto corrompe absolutamente. É o que dizia, se não me falha a memória, Maquiavel. E eu, parafraseando-o, digo: a miséria também corrompe. E a miséria absoluta corrompe absolutamente.

Queremos uma lei santa

Última Hora, 19/5/1969

Meus cupinchas a velhice é um perereco. Mas é bem como dizia o Zagaia:
"O coração não envelhece".
E se o Zagaia diz, é o que é. Tem gente solta nas quebradas da vida que chega aos 80 anos com o embalo santo das paixões. Entra em qualquer batota. Não deixa nada no barato. Se acha a causa justa, agarra o rabo do foguete e encara a pauleira. Vai para o que der e vier. O que é ruim tem que mudar. Com gente assim eu me entendo. Porém tem muito panaca que já nasce coroa. Não quer saber de nada. Se encolhe nas moitas e fica espiando o lance. Deixa o mundo rolar. Não assume nenhuma responsabilidade com o próximo. Tem mil deschavos pro seu devagar: "Deus sabe o que faz", "Não adianta mesmo", "Não fui eu que fiz o mundo assim", "A lei é viver e deixar viver", "Deixa como está pra ver como é que fica" e os cambaus.
Esses majuras é que atrasam o progresso. São os omissos, covardes, oportunistas, velhos, lagaços, escória nojenta. Servem sempre aos poderosos, sabem que a moleza está do lado do mais forte. E fecham os olhos pra qualquer inovação que perturbe a ordem das coisas.
Meus cupinchas, os velhos são um perereco. A velhice é uma doença. E tem gente que explora a doença. Basta ler *O Globo* de sábado passado pra ver o esquinapo. Leiam as declarações de uma

porção de artistas que, embora tendo talento, nunca se ligaram em nada além da própria vaidade.

Nunca escolheram um papel pra representar pela verdade que ele representava. Nunca. Sempre escolhiam suas partes com os olhos da vaidade e nunca se incomodaram de sacrificar os parceiros de profissão para conseguir o sucesso pessoal. Pois bem, esses atores velhos abrem o bico pra dizer que não tem importância nenhuma um ator branco se tingir de negro. E charlam mais. Todos eles já se tingiram de negro pra representar. E tencionam ainda se tingir de negro pra viver Otelo. E acham isso normal. Agora eu pergunto: sobrou dessa geração matusquela algum grande ator negro? Não. Se teve algum crioulo bom ator, ficou esquecido. Os grandes papéis de preto foram vividos na ribalta por brancos tingidos. E esses brancos que são famosos acham que não há nada de mais.

Meus cupinchas, a velhice é um pererreco. Uma doença. Dizem os bem servidos:

— Está tudo bem.

Chiam os que pegam a pior:

— Vamos mudar.

Reclamam os donos das coisas:

— Os comunistas querem avacalhar tudo.

E a bronca vai crescendo nos corações. Se uma coisa vem errada há muito tempo, não é motivo pra continuar errada por toda a eternidade. Se os atores negros nunca estrilaram antes, não quer dizer que estavam contentes.

É muito duro a gente ver os grandes atores brancos sonharem em se tingir de preto pra viver Otelo. Pode algum negro sonhar em se tingir de branco pra fazer o Iago? Otelo sempre foi feito por brancos tingidos. Em alguma parte do mundo Iago foi feito por preto tingido?

Meus cupinchas, o negro é o esparro da sociedade. Nenhuma lei protege o negro. É só por isso que a gente está lutando pra criar uma lei santa que proíba os atores tingidos em cena. Papel de preto será vivido por preto, o de branco por branco. Nada de uma raça fazer caricatura da outra. Vamos lutar pela lei, portaria, decreto, penada ou sei lá o quê. Mas vamos defender os direitos humanos.

Em causa justa não enjeito pau

Última Hora, 17/7/1969

Meus cupinchas, vocês que lêem minha coluna, não vão ficar pensando que eu sou profeta. Mas vocês estão por dentro que logo que comecei a escrachar os atores tingidos do Canal Cinco, dei um alô que iam aparecer panacas de todos os lados pra defender a bobeira do produtor de *A cabana do Pai Tomás*. Charlei que iam me xingar de demagogo, invejoso, comunista e os cambaus. Não deu outra coisa.

Meus cupinchas, o Nelson Rodrigues, com o mesmo tom paternal que usou pra meter o Hélio Pelegrino na cadeia, sai em campo chiando que o vosso chapa aqui tá fazendo marola contra os atores tingidos porque está morto de inveja do ordenado do ator *double-face*. Morri de rir. O Nelson não leu nada do que eu escrevi. Se botasse as botucas na minha coluna, se tocaria que não é nada disso. O escritor ia se mancar que a campanha é justa. Mas perguntarão: Por que o grande escritor entrou nessa fria? Será que ele próprio sente inveja porque as peças do Plínio fazem no momento mais sucesso que as dele? Quem conhece o Nelson sabe que ele nunca perdoou o Teatro de Arena de São Paulo por ter revelado grandes autores. Quem conhece o Nelson, sabe que, quando ele é apresentado pra algum, pergunta logo quanto o cara ganha. Mas deixa isso pra lá. O Nelson é um grande homem feito de palavras. Se ele põe a cara e diz que sou invejoso é porque tem algum motivo. Se o Nelson Rodrigues diz que já escreveu sobre a "solidão negra" e não adiantou nada, o crioulo continua sofrendo por todo o Brasil, a gente deve pular o assunto. Deixar como está pra ver como é que fica. A gente deve fazer o que Nelson Rodrigues manda? Não.

Meus cupinchas, o Nelson Rodrigues está nessa barca furada sem querer. Ele embarcou nessa porque é empregado do mesmo patrão que o ator alvinegro. Homem acostumado a obedecer a voz do dono, saiu em defesa do nojento esquinapo da Rede Globo. Mas a cuca mercenária do Nelson Rodrigues já está gasta. Já não imagina xavecos inteligentes. Então o coroa teve que partir pra mentira, e é pra isso que eu não dou desconto.

Meus cupinchas, o Nelson Rodrigues escreve o que mandam ele escrever. E foi numa dessas que ele chutou que nas minhas peças nunca teve um herói preto. É mentira porca de um lutador de encomenda. O Nelson sabe que eu escrevo sobre vítimas e não sobre vencedores e heróis. Escrevo sobre gente do meu povo, que é branco, preto, mulato, amarelo e tudo. Nunca botei uma nota na margem das minhas peças recomendando a cor da pele. A única dica que dou pro diretor é pra ele escolher bons atores.

E foi por isso que o Milton Gonçalves fez papel principal em duas peças minhas, na *Barrela* e na *Jornada de um imbecil até o entendimento*. Por isso o Benê Silva, o Dalmo Ferreira, o Jorginho, o Rubens Campos e tantos outros fizeram ótimos papéis em textos meus. E o Nelson Rodrigues sabe. Pelo menos *Barrela* ele assistiu e delirou com o trabalho de Milton Gonçalves. Mas pro Nelson poder mentir em favor do patrão, o Milton ficou loiro de olhos azuis.

Meus cupinchas, manjo o Nelson Rodrigues. Ele deve estar lá no Nino's, um botequim de luxo que tem em Copacabana, enchendo a cara de uísque estrangeiro. Deve estar tentando afogar a consciência doída. Ele sabe que mentiu. Sabe que eu não enjeito pau. Sabe que vai ser forçado pelo patrão a escrever mais em defesa do ator alvinegro. Vai ter que mentir mais. E sofre. Como um boi de carga.

Meus cupinchas, você aí que sempre pega a pior, se quer ganhar uma graninha, pode apostar. Mais dia menos dia o Nelson Rodrigues abre o bico pra me xingar de comunista. É muito comum nele esse tipo de coisa. É só um cara não concordar com o seu papo pra ele tentar entrutar. É assim que o Nelson Rodrigues ganha medalha. Mas aqui tem lenha. Não vou deixar de defender uma causa justa por causa dos riscos.

Na rua alguém me abraça: o censor da peça que escrevi

Folha de S.Paulo, 19/9/77

O senhor avança pra mim sorrindo e, com muita intimidade, me abraça.
– Não tá se lembrando de mim?
Eu não estava. E então prosseguiu:
– Não dá pra você se lembrar mesmo. O tempo passa, e já faz tantos anos que a gente se cruzou... Eu sou o censor que proibiu a sua peça *Barrela*. Lembra? Eu era do DDP [Delegacia de Diversão Pública] de Santos, lembra?...
Sigo meu caminho pensando em mil e uma coisas desta vida. Certo está quem falou que até as pedras se encontram. De repente, eu fico diante do primeiro proibidor de uma peça minha. Depois de dezoito anos. Se ele não tivesse proibido, como é que seria tudo? Me pergunto. Eu por certo não teria penado mais que mãe de porco-espinho, não teria ficado tantos e tantos anos no anonimato, se a peça tivesse sido liberada. Mas não foi. Penso também nas milhares de pessoas que, inconformadas por eu, vira e mexe, piar na parada dos sucessos, ficam bochinchando que eu só consigo aparecer devido à censura. Que se não fosse a censura eu jamais teria feito e acontecido. E tem muita gente que diz isso. Claro que essa gente nunca pensou em acabar com a censura, que seria a única forma de desmitificar isso. Não, isso eles não querem, porque pode ser que realmente eu conheça meu ofício e, aí, como é que vai ficar?
Eu boto uma peça em cartaz em cada teatro. Mas penso também na possibilidade de essas pessoas estarem certas. Penso em

tudo isso e concluo que não tenho ódio de ninguém. Nem dos censores, nem dos pichadores. Não tive coragem de tirar uma forra com o primeiro censor. Até pensei (e me perdoem a vaidade) que, se por acaso eu for bom mesmo, um dia, sei lá, depois que eu morrer, um gaiato resolve fazer uma biografia minha, o cidadão censor vai ter que entrar nela. Só espero que nos façam justiça. Me coloquem como um rapaz que só queria escrever uma peça e coloquem o censor apenas como um rapaz que, sem saber de nada, tinha o direito de dizer se essa peça podia ou não ser levada à cena.

Na verdade, ele, como censor, fazia seu papel. O que torna a coisa grave é que se permita que algumas pessoas que não sabem de nada fiquem em posição de decidir sobre a sorte dos seus semelhantes. Justo mesmo é que, certo ou errado, as pessoas que ocupam cargo de decisão sejam escolhidas pelo voto popular. É só assim que se evitam as injustiças, as censuras. Se evita que se criem heróis gerados por perseguições e algozes gerados pela inconsciência.

Crônica sem título

Diário da Noite, 11/12/1978

Ói eu aqui de novo com coluna diária em jornal. Me pergunto a toda hora, desde que recebi o convite para trabalhar nos Associados: será que minha volta é conseqüência da abertura? E eu mesmo, que tenho mil e um anos de janela e várias solas de sapato gastas nas andanças pelo quarteirão onde aprendi a abrir os olhos, me respondo: Não houve abertura nenhuma.

Na verdade não se abriu nem uma fresta. Falam em abertura, porém (e sempre tem um porém) os fatos negam categoricamente que tenha havido qualquer abertura. Apreenderam o jornal *Movimento* sem nenhuma explicação. Não deixaram o genial educador brasileiro Paulo Freire entrar no Brasil para uma conferência em Campinas. Impediram a saída do brilhante Darci Ribeiro do Brasil. Prenderam outra vez o Cajá lá em Pernambuco. Facilitaram a entrada da polícia uruguaia em território brasileiro para raptar uruguaios aqui residentes.

E tem mais. Mas acho que esses fatos que relacionei aqui bastam para provar que não houve abertura nenhuma. A insegurança de nós, brasileiros, continua a mesma. Então, por que, depois de tanto tempo marginalizado, sou chamado a escrever coluna diária?...

Conheço a catimba. Meio chateado (só meio chateado) fiquei com o pessoal do Sindicato dos Jornalistas. Eu estava lá na Polícia Federal respondendo a um interrogatório, quando chegou uma comissão do Sindicato dos Jornalistas a fim de visitar o brilhante colunista e bom amigo Lourenço Diaféria, que estava preso. O presidente do Sindicato me viu, falou comigo e não me disse nada. Pediu para o delegado que me interrogava pra visitar o Lourenço. Fomos todos, até eu. Levamos um papo com o Lourenço, a comissão foi embora e eu voltei para o interrogatório. Até o delegado se admirou pelo fato de a comissão não se interessar pelo meu caso. Eu expliquei com sinceridade:

– Sabe como é, eles são do Sindicato dos Jornalistas e eu não sou jornalista. O Ministério do Trabalho não me reconhece como jornalista. E o sindicato cuida dos sindicalizados.

O homem fez uma cara de pasmo e me perguntou:
– E você o que é então?
Mais uma vez fui honesto na resposta:
– Um marginalizado, como a grande maioria dos brasileiros.

O delegado, com expressão de tristeza, ficou pensativo. Saiu da sala, cochichou com outros policiais e quando voltou estava muito sério e anunciou com voz grave:
– É, você vai cair mesmo na Lei de Segurança Nacional.

O homenageado se bronqueou com a homenagem

Última Hora, 14/3/1969

Meus cupinchas. Veludo foi um grande goleiro. Sei lá onde ele começou. Sei que a torcida tomou conhecimento dele quando ele pegava no gol do Fluminense. Era um crioulo grande e forte. Cheio de mumunhas. Pegava tudo. E de repente aceitava um frango feio. Por baixo das pernas. Bola que nem goleiro infantil engolia. Porém, o Veludo era um grande arqueiro. Nem sentia o peru. Logo em seguida ia buscar uma redonda qualquer lá na esquina da trave, fazendo o estádio inteiro engolir o berro de gol. Veludo era um cobra. Vestiu a canarinho e tudo. Até o Castilho, com leiteria e outros babados, foi regra três do crioulo.

Meus cupinchas. Depois do Fluminense, o crioulo veio para a Vila Belmiro. Na vila famosa era uma parada ser titular. O Santos de glórias mil estava começando a sua arrancada fulminante pras cabeceiras. Tinhas montes de cobras. Só pro gol tinha Manga e Barbosinha. Mas mesmo assim o Veludo foi titular. Por pouco tempo. Sei lá o que deu nele. Começou a avacalhar. Se estrepou. Escutei um bochicho que foi por causa de uma gama de pedra que o Veludo se entortou. Mas o que conta é que não deu mais pedal. E o Santos deu dispensa pro crioulo. Ele saiu batendo por aí. Rolou de time em time. Mas já não era ninguém. Ainda tomava seus frangos cabulosos. Porém, já não tinha perna pra ir buscar as redondas na forquilha. Estava na pior.

Meus cupinchas, o Veludo foi se acabar embaixo da trave do Canto do Rio, um timeco de Niterói. E se não bastasse essa desgraça, o Veludo pegou outras invertidas. Não teve gás pra se arrumar. Largou o futebol e foi caindo pelas tabelas. Puxou ronco no molhado, comeu o nojento pão da caridade. Ficou chué dos peitos. Apanhou outras pragas, se estrepou do primeiro ao quinto. Não era nem sombra do grande goleiro que foi. Sempre de caveira cheia de cachaça. Foi definhando, derretendo, sumindo. Foi encontrado numa sarjeta com um vira-lata a lhe lamber as medalhas. Cada ferida que não tinha mais tamanho. O cara que o encontrou espantou as moscas que botavam ovos nas perebas do goleiro. É de pena. O arrastou para um hospital. E lá o Veludo ficou de favor.

Meus cupinchas, domingo passado o futebol brasileiro, o maior futebol do mundo, prestou a última homenagem ao grande craque que foi Veludo. Antes de começarem os jogos, lá na Carica, fez-se um minuto de silêncio por intenção da alma do goleiro. Tudo muito comovente. Muito humano. Teve até cartola que chorou. Só que o Veludo ainda não morreu.

Meus cupinchas, o negócio é deixar andar. O Veludo não é o primeiro nem vai ser o último ídolo da torcida a bater com a cara no chão. Muito cobra que brilhou no futebol brasileiro, o melhor futebol do mundo, se espiantou na vida, roendo o talo amargo. Craque só tem valor enquanto é craque. E muito nego não se manca disso. Por isso é que me dá pena ver a lei safada, a lei do passe, escravizando jogador. E me dá mais pena ainda não ver os jogadores se juntando pra acabar com ela.

As chuteiras do Jabaquara

Jornal da Orla, 17/1/1999

O Jabuca. O glorioso Jabaquara Atlético Clube de Santos. Na época dessa história, era o Leão da Ponta da Praia, depois de ter sido o terrível Leão do Macuco. Também tinha sido o Espanha, nome substituído por força de guerra; num momento de inspiração, a diretoria mudou para Jabaquara. Clube querido. Muito querido. Entre outras coisas, por ter escolhido este nome, Jabaquara. Nome de um quilombo que existiu na subida do Morro da Nova Cintra, em Santos.

Sempre me vêm à memória histórias do Jabaquara, atual Leão da Caneleira. Sempre aparece diante dos meus olhos úmidos o rosto da molecada do meu bairro de infância, ali do Aquário, na Ponta da Praia, atrás do campo do Jabuca. Quantos craques não saíram dali...

Um dia, nós, infantil Vila Bancária, recebemos um ofício de um inimigo poderoso, o infantil Vitória. Nós e outros tantos times vivíamos em volta do campo do Jabuca: Aquário Praia Clube, dois anos invicto, sem perder de ninguém; Ferryboat Futebol Clube; Vasco dos Pescadores; Praticagem; 1º de Maio e tantos mais... Mas a pinimba do Vitória era mesmo com a gente da Vila Bancária. Dois times de craques. Rivalidade encardida.

O caso era o seguinte: era época de eleição. O pessoal do Vitória arrumou um candidato a vereador que lhes deu camisa, calção, meias, chuteiras e tudo o mais em troca de votos. Pra inaugurar o novo uniforme e pra humilhar a gente, o time fez o convite desafio: jogar na Prova de Honra do festival, a valer taça.

Naturalmente, era pra ir de uniforme e chuteira. Xaveco! Camisa preta e branca nós tínhamos; calção e meias cada um levava o que tivesse; mas chuteira... Não era fácil; tinha gente até de sapato. O pessoal da Vila queria saber:

– Onde vamos arrumar chuteiras?
– Que coisa, vamos dar vexame!
– Foi aí que o Luciano Juqueri teve a idéia.
– O campo do Jabuca não é aí mesmo? Pois é: vamos assaltar.
– Mas lá tem um puta cachorrão bravo pacas, o Negão – alguém lembrou.

Era verdade. Mas o Luciano tinha boa memória. Sacou essa:
– O Negão era do Frajola.

Frajola, naquele tempo, era meu apelido. E o cachorro era mesmo meu, fui eu que o achei quando era filhote. Peguei pra mim. Levei pra casa. Mas meu pai não me deixou ficar com ele. "Esse cachorro é policial, vai crescer muito, vai ficar bravo; e nós não vamos ter lugar pra ele", argumentou.

Mas eu queria ficar com o cachorrinho. Então, o guardei no campo do Jabaquara e ficamos amigos. Todo dia eu visitava o negrinho que, como meu pai previa, ficou um Negrão. Fera. Passava o dia na coleira e só era solto à noite. Bravo, bravíssimo. Mas não comigo. O Negrão tinha sido atropelado e perdido uma perna, o que o deixou mais bravo ainda. Mas era meu.

E ficou certo: eu segurava a fera. O Luciano Juqueri e a turma do pau assaltavam o vestiário. Ninguém deu pra trás. Boi Baba, Chulé, Bola Vazia, Malucão, Bubu, Caverinha. Eles arrombaram a porta do vestiário e roubaram um saco de meias e de chuteiras. E, já que estávamos lá, trouxemos as taças e tudo o mais que achamos.

No dia seguinte o Jabaquara não pôde treinar. Não tinha material. Saiu no jornal, um escarcéu. Quem foi? Quem não foi? A polícia, devido ao escândalo, entrou na fita; eles não podiam engolir o sapo. Um cagüete acusou: "É coisa do pessoal da Vila Bancária. Lá tem muito lalau". E as patrulhinhas passaram a rondar o nosso pedaço, a gente ia pra rua com o maior cuidado, até que veio o dia do jogo. Tivemos que ir. Nosso time era preto e branco. Entramos de vermelho e amarelo. A chuteiras eram grandes demais pra nós, tivemos que encher de jornal. E tinha mais: os nomes dos jogadores do Jabuca estavam escritos nelas: Baltazar, Bahia, Veiguinha, Leonaldo, Alemãozinho, Souza. Mas, que fazer? Tivemos que encarar mais aquela.

Houve a maior fuzarca antes do jogo. Discurso de político, pontapé inicial. E, finalmente, bola rolando. Aí, pararam quatro radiopatrulhas e um carro do Jabaquara. Os soldados cercaram o campo.

– Segura as pontas, finge que não é com a gente. Fiquem firmes, não vai dar pra fugir mesmo! – o Juqueri berrou pra turma.

E tome bola. Nesse jogo, o time do Vitória foi legal. Cooperaram. Todo o mundo dando o melhor, mas sem pontapé nem nada.

A polícia quis entrar. O Papa maneirou.

– Esperem! Não reconheci as chuteiras.

O sargento não engoliu, ficou bravo:

– Essas camisas são do Jabuca, claro que são. Vermelho e amarelo... E essas meias vermelhas? Olha aí!

Calmo, o Papa mandou cercar a molecada e foi apontando um por um.

– Quero você. Você. Você. E você aí. Quarta-feira, às 15 horas, no Jabaquara. Vão treinar. E fiquem sabendo: quem não aparecer, eu mando a polícia buscar em casa.

E foi assim que Alemão da Marítima, Luiz Manuel, Aracaju, Malhado, Leal, Raimundinho, Bexiga, Enoc, Nei Feijão, Bugre, Alicate, Feijoada, Fabinho, Ivã e tantos outros vieram a ser craques até de seleção brasileira.

Esse é o nosso Jabuca, time de craques!

Cadê o Tom Mix?

Jornal da Orla, 7/3/1999

A gente era da antiga Laranjeiras (hoje, Afonso Veridiano; mas deixa pra lá). A gente pegava a Epitácio Pessoa pra sair na Oswaldo Cochrane e ir pra pelada na praia. O que quero contar e o que pesa na balança é que um dia, nesse caminho, surgiu o carro de um japonês e ele pegou de frente, de chapa, a caminhonete da Laticínios Lambari, que distribuía a Bala Futebol. Foi um auê: barulhão, corre-corre, gritaria. A porta de trás da caminhonete abriu. A molecada da antiga Laranjeiras não vacilou: pulamos dentro do furgão e saqueamos as caixas de Bala Futebol.

Só eu afanei duas fileiras de dez caixas. Correndo, escondi todas elas no porão do chalé verde em que morava. Foi um caso sério. Abri uma bala atrás da outra separando as figurinhas e chupando aquela meleira de água e açúcar. Não tardou a revirar o estômago. Minha mãe veio de chinelo em punho, que era sempre o primeiro remédio para qualquer mal-estar. Como isso, nem os gritos da minha mãe pra eu confessar o que tinha comido resolveram, ela veio de purgante. Virei flor, fiquei plantado no vaso. Nos intervalos era caldinho de galinha e chá com torrada goela abaixo.

À noitinha meu pai chegou do trabalho com a notícia:

– A molecada assaltou o carro da Bala Futebol.

Confirmando que o amor é cego, dona Hermínia, minha mãe, garantiu.

– O Plínio não foi. Ele passou o dia inteiro com dor de barriga.

Ai, meu Deus, há males que vêm pra bem... Pelo menos nessa encrenca ele não se meteu.
– Mas o que ele comeu? – quis saber seu Barros, meu pai.
– Não sei, nem ele sabe – ela afirmou. Imaginei como seria se eles descobrissem.
– Bom, se ele não melhorar até amanhã, chama a Vó Lucila – sugeriu meu pai. – Minha vó paterna era benzedeira das mais procuradas e mais queridas.

A imprensa veio em cima. O grande Hamleto, Antônio Guenaga, Olau (todos da *Tribuna*), o Nunes (do *Diário*). A rádio não ficou atrás, entrou de sola no caso. Até a mais bela voz do rádio santista, Ibrahim do Carmo Mama ("São seis horas da tarde; cessa por um instante o seu labor e pensa no supremo bem da vida rezando comigo"), e a voz mais estridente e vibrante, Ernani Franco ("Adão não se vestia porque Mafuz não existia"), que berra gol do Santos com toda a força de seus pulmões, comentaram o saque. Todos criticando, naturalmente: "A molecada não respeitou um acidente sério no cruzamento da Epitácio Pessoa com a Oswaldo Cochrane. Aproveitaram o desastre e assaltaram o furgão da Laticínios Lambari. Saquearam caixas e mais caixas da coleção Bala Futebol".

Eu melhorei logo, com a graça de Deus, e no dia seguinte já corri pras minhas balas. Fui desembrulhando uma por uma, sob um sol de rachar mamona. As balas iam derretendo sob o calor santista e eu lá separando figurinhas. Jogo duro. Mas compensava: fui enchendo o álbum e tirei um monte de carimbadas. As repetidas serviam pra jogar abafa ou pra ir no bar do seu Meleiro negociar com álbuns. Custou, mas aos poucos fui colando as figuras, formando páginas, retumbando de alegria com as carimbadas. Era uma beleza: os times iam se completando. Meus amigos faziam a mesma coisa.

Mas, de repente, nos tocamos: ninguém enchia o álbum. Para surpresa geral, faltava sempre uma figurinha, uma só, apenas uma: a do Tom Mix, ponta-esquerda do Jabaquara. Sacanagem! Estrilo geral. A imprensa tomou conhecimento do caso e esperneou: "Ladrão que rouba ladrão tem cem anos de perdão". "A molecada santista está no prejuízo", e tome pancada na Bala Futebol. Uma zorra!

Até que apareceu nas páginas do jornal o retrato de um moleque de óculos, cheio de espinha com uma bola de bico e cordão: ele tinha tirado a figurinha Tom Mix e recebido o prêmio pelo álbum completo, dizia a notícia. Nós achamos uma afronta aquele moleque (aliás, aquilo não era um moleque, aquilo era um menino), morador da Vila Mathias (a notícia dava o endereço completo com número e tudo), tirar bola.

Juntamos a turma e partimos da antiga Laranjeiras até a Vila Mathias. E fomos a pé, não havia pro bonde. Achamos a casa, batemos e lá veio o menino e a mãe do menino.

– Você ganhou a bola? – perguntamos.

– Ganhei – ele confirmou.

– Podemos ver a bola? – assim, como quem não quer nada.

– Pega lá a bola, meu filho; eles só querem ver – interferiu a mãe, já que o menino estava vacilante em mostrar a bola pra nós.

O menino veio com a bola e mostrou pra gente. Ficamos só olhando, ninguém dizia nada. Depois de um tempo, a mãe do menino mandou guardar a bola, que já tínhamos visto.

Foi aí que o Juqueri, num raro momento de inspiração, deu um soco na bola. Ela se soltou da mão do menino, nós a agarramos e saímos correndo.

– Ladrões! Devolvam a bola do meu filho! – a mãe do menino ficou lá gritando.

Chegamos à antiga Laranjeiras botando os bofes pela boca. Mas não regateamos, pusemos a bola no campinho. Chuta pra lá, chuta pra cá, uns dez bicos ou um pouco mais. E o couro descosturou. A bola abriu, fez bexiga. Ninguém ligou, continuamos chutando. Mais uns bicos e a bola estourou. Fim da alegria.

Um caso de paus e berros

Revista *Placar*, agosto/1973

Do ano não tenho muita certeza, mas foi aí por 1958 ou 59 que a treta se deu. O Palmeiras ia jogar no alçapão da Vila famosa contra o Santos de glórias mil. Isso não era nenhuma novidade.

A tabela do campeonato burro da FPF [Federação Paulista de Futebol] escala e os times têm que cumprir. O esquinapo da história era o técnico do Palmeiras, o Brandão. Esse mesmo que hoje treina o São Paulo. Mas deixa andar. O que pesa na balança é que o Brandão tinha que ir na Baixada Santista com o seu time e não estava dando pedal. A torcida do alvinegro de Iemanjá estava a fim de beber o sangue do bruto. Aí, já viu. Quem tem popó tem medo, e o Brandão, que não é nenhum gaiato, resolveu se cobrir. Torceu um rabo de macaco para o Cabral Júnior, que é pai do Cabralzinho (esse mesmo que barbarizou no Bangu e hoje, apesar de ser bolão, não tem vez no Parque Antártica), e pediu pro chapa arranjar uma curriola da pesada pra güentar qualquer bagulho.

O Cabral Jr., que na época era chefe de orquestra, empresário e nunca foi de fazer careta pra cego, não marcou bobeira. Manjando como manjava as bocas escamosas da noite santista, resolveu economizar a grana do amigo treinador. Em vez de patota, só firmou as pontas com o Nego Orlando, cidadão dos mais considerados nas quebradas da vida.

Não teve chibu. Com o crioulo dando cobertura, o Brandão ganhou maré mansa na Vila. Quer dizer, foi xingado paca. Porém, ninguém correu pra dentro dele. Ficaram só no esculacho e olhe lá. De longe. Que ninguém era leão pra arrumar enguiço com o negão.

Mas o que doeu mesmo na torcida foi o resultado: 1 a 0 pros periquitos. O povão do mundaréu se ardeu. Porém, não adiantou chiar. Já na banda alviverde só deu carnaval. E no meio da alegria toda foi mole pro Brandão convencer os cartolas a comprarem, do Samba-Danças, o passe do Nego Orlando. Esse lance foi a sombra que o crioulo queria. Recreio. Só tinha que manter a disciplina entre os jogadores na concentração e fazer figura em jogos no interior. Força mesmo o negrão só teve de fazer uma vez lá em Jaú. Nesse tempo o XV de Novembro ainda existia. Quando o Palmeiras foi cumprir etapa lá na terra, um botina amarela acabou invocando com um cartola dos periquitos e a casa veio abaixo. Na pauleira o Nego Orlando brilhou. E nesse dia faturou bicho dobrado, pago do bolso do cartolão agradecido. Foi a única dureza.

O resto do campeonato foi um passeio pro Palmeiras. Flanando muito à vontade, ficou na decisão com o Santos de glórias mil. E mais uma vez o alvinegro de Iemanjá foi chuveirado pelo juiz. Deu na ponta o time periquito. Acabado o campeonato, o negrão tomou um passa-fora. Pegou sua mala e voltou pra Santos, formosa Ilha de Iemanjá. Estava em casa e se espalhou. No primeiro boteco que entrou, já tinha um quás-quás-quás. Uma patota discutia o jogo. Naturalmente culpavam o homem do apito pela derrota do Santos de glórias mil. E aí o crioulo entrou na conversa e escancarou o lance:

– O babado é o seguinte: o Santos tubulou porque botaram o Jair e o Pagão machucados. Eles nem podiam andar. E numa dessas o Santos só podia entrar bem.

Mal falou e o Doti, um pinta que estava na curriola e não era de comer enrolado, se ouriçou:

– Tu cala a boca, crioulo. Tu aqui não tem direito a abrir o bico. Tu protegeu o Brandão, tu é do Palmeiras. Tu é um traidor santista.

O Nego Orlando ainda quis deschavar:

– Que papo é esse, meu bom? Só fui lá adiantar o meu lado. Sou profissional, vou onde me pagam.

Porém a bicaria não colou. O Doti puxou as armas e meteu seis arrebites na direção do crioulo. Deu crepe. Errou todos. Gelou.

E contou com a volta. Não deu outra coisa. O Nego Orlando sacou seu berro e deu o troco. Seis tochas. Mas também errou. Foi um perereco. Sem munição, os dois valentes se mediram. Um de botuca no outro. Mas a turma do deixa-disso avacalhou a guerra. Um saiu pra cada lado. Mas se prometeram. E um ficou na campana do outro.

Uns dias depois o Doti campeou o crioulo e, quando achou que ele estava no jeito, mandou chumbo. Errou de novo. Mais uns dias e foi o negão que tocaiou o Doti. Meteu bala. Também errou. E tão nisso até hoje, o que leva a torcida a concluir que os dois são valentes, mas têm uma péssima pontaria.

A lenda da rainha eterna

Última Hora, s. d.

Meus cupinchas, nascemos pra morrer. Desde que o mundo é mundo e enquanto for mundo, toda ciência será pouca para escrachar esse mistério. Sábios gloriosos e de cuca iluminada ficaram batusquelas de tanto se ligarem nesse esquinapo e tentaram mudar a gronga. Na hora marcada, não tem remédio. O anjo da morte se achega ao vivente pedido e não quer saber. Embarca o bicho. Não adianta choro, nem vela. A lei da natureza é broca.

Mas existia num país chamado Brasil, uma Rainha magnífica, Cacilda Becker. Adorada por seu povo, a magnífica, que tinha uma tribuna livre, manjada por palco, não media sacrifícios para dar seu recado à sua gente, que, se como a soberana não era feliz (porque feliz nunca será o homem sobre a Terra), tinha a esperança, o plá sonoro da magnífica fazia brotar a fé em dias melhores, até em corações agoniados. E com a gana pega, todos tocavam o barco. A fé da Rainha dava forças para todos cumprirem com grandeza a jornada.

Mas estava apontado que o dia da Rainha seria a 6 de maio de 1969. E o anjo da morte, que nunca foi de arreglo, veio cobrar a fatura. Porém, o amor é maior que tudo. E como a Rainha Cacilda amava sua profissão! Até o anjo desconhecia a força dessa gama de pedra. E aí se entortou. Cacilda estava no meio de um diálogo com sua gente mais querida, os jovens. E recusou-se a obedecer de imediato a ordem do anjo. Concordava em dar seu tempo por encerrado, se o mensageiro concordasse em esperar até o fim do seu trabalho. Sabia a Rainha que sua gente estava ansiosa por beber até o fim suas palavras daquela tarde. E não quis tirar o time de campo. O anjo não embarcou no deschavo da Rainha. E não teve por onde. Começou a batalha.

O anjo, com todas as suas catimbas, deu um golpe fatal na Rainha. Mas, mesmo caída, a magnífica encarou. Ela nunca enjeitava biaba. E aí, foi lenha. Dias e noites se passaram nesse combate sem tréguas. Era um cacete de gigante. Com golpes dramáticos dos dois lados. Jamais se teve notícia de luta mais renhida. O anjo da morte por fim foi vencido. A magnífica o derrotou. Então, no auge de sua glória, mandou uma mensagem grandiosa a todos os jovens que resolvessem seguir seu caminho:

– Para chegar onde eu cheguei, só amando como amei a minha profissão. Não se render nunca diante dos obstáculos. Não se sentir derrotada nos fracassos, nem vitoriosa nos sucessos. Prosseguir sempre pra frente, sempre para o alto. Uma meta atingida tem que ser substituída imediatamente por outra. Não maldizer a dor, nem a solidão, porque delas brotam a arte de viver.

Depois da mensagem, a Rainha cresceu no coração de todos, que juraram ocupar sua tribuna livre. E se fez eterna. E por muitas gerações, sua glória e seu código de honra reinarão, principalmente nos corações jovens.

Meus cupinchas, se vocês são de Deus, rezem por Cacilda, Rainha magnífica. Se não são de nada encantado, pensem em Cacilda com bondade. Essa Rainha foi a artista mais generosa do Brasil.

Esses mestres do teatro

Jornal da Orla, 21/3/1999

Quando se fala em teatro santista, fala-se da Patrícia Galvão. Não se pode deixar de falar da Pagu, a grande Pagu, um anjo anarquista que veio ao mundo para nos inquietar (que Deus seja louvado também por isso). Ela foi me buscar no Circo Pavilhão Liberdade, ali no Macuco (pra onde, depois de ter mambembado muito pelo interior, voltei).

Uma noite, depois de uma função, fui avisado que uma senhora estava me procurando. Era a Pagu. Eu não a conhecia, mas ela se explicou: um ator da companhia dela tinha ficado doente, ou sei lá o quê, e ela precisava de um garoto para fazer um pequeno papel na peça, no dia seguinte, de manhã. Queria saber se dava pra eu fazer. Só sendo mesmo de circo... Tinha que dar. Era uma peça bonita, acho que a peça infantil mais bonita do mundo, *Pluft, o fantasminha*, de Maria Clara Machado. Deu, e como deu!

Mas deixa isso de lado. O que quero contar e que pesa na balança é que fui conhecendo o pessoal do teatro amador de Santos. Meu Deus, que primeiro time! Paulo Lara, Vasco Oscar Nunes, Júlio Bittencourt (o pai do Julinho músico), o pessoal do Clube de Arte, Oscar von Pfhull e Gilberta von Pfhull, Nélia Silva. Tanta gente que sabia tanto das coisas! Cacilda Becker, Cleide Yaconis, Miroel Silveira, Castro Fernandes, o poeta Narciso de Andrade, Roldão Mendes Rosa, artistas plásticos do gabarito de Nelson de Andrade, Mário Gruber, Aluísio do Mosaico. Tanta gente, como a atriz Terezinha de Almeida, Creuza Carvalho, os atores Sérgio Mamberti e Cláudio Mamberti, os cenógrafos Lúcio Menezes e Newton Souza Telles.

E vieram outros, muitos outros. Gozado: uma geração ia embora e vinha outra do mesmo naipe. Depois dessa geração veio Pedrinho Bandeira, campeão de literatura infanto-juvenil; José Carlos Melhém, o advogado amante das artes; Hercílio Trajano, o publicitário filho de um grande médico. Aliás, o pai do Hercílio não era só grande médico, era o doutor Aniz Trajano, médico do Jabaquara; ele morreu em campo atendendo um craque do nosso Jabuca.

Vieram a Bete Mendes, também torcedora do Jabaquara e estrela de primeira grandeza da televisão e do teatro; Ney Latorraca, um astro; Nuno Leal Maia, dublê de artista e jogador da Portuguesa Santista. Vieram Jandira Martini, Eliana Rocha, Neide Veneziano. Todos fizeram carreira vitoriosa. Veio a geração do Carlos Pinto, um genial instigador cultural e teatral de Santos.

Vieram o Marcão Rodrigues, atualmente um dos melhores diretores de teatro do Brasil; a Carolina de Freitas; o Tanah Corrêa, que acaba de assombrar os portugueses com um espetáculo que dirigiu lá, no Porto. Portugal descobriu o Tanah nas areias de São Vicente... Quer dizer, ele foi procurado na praia por alguém que viu uma peça de muito sucesso na Baixada, dirigida por ele. Agora ele está convidado para coordenar um projeto teatral na cidade lusa no ano 2000, quando vai dirigir um empreendimento para tornar Portugal e o Porto um marco cultural na Europa. Vai lá, Tanah Corrêa!

E assim vai continuando a safra de artistas do celeiro santista, uma curriola enorme que cresce a cada ano: vão aparecendo os cupinchas do Toninho Dantas, figura que instiga o teatro santista como fizeram Patrícia Galvão, Paulo Lara, Carlos Pinto. E já vão surgindo o Zeca do Marcão Rodrigues, o Alexandre e o André do Tanah Corrêa... A turma de artistas que surge sempre na nossa Baixada Santista, graças a Deus, não acaba nunca.

A censura de sempre

Jornal da Orla, 29-30/11/1997

1967 (ou 68, não me lembro bem). O sujeito na minha frente era um perfeito idiota. Um censor. Não falava, guinchava. Era fácil perceber que sua bundona gorda e mole suava na cadeira. Atrás de sua escrivaninha, ele demonstrava medo. Tinha tomado uma grande decisão: proibir minha peça *Navalha na carne*. Pra ele, era apavorante eu não aceitar sua decisão; por isso gritava, com o mau humor típico de censor.

– Não vai montar essa porcaria de peça, não vai. Não vai! Eu sou o censor e não libero essa peça, não libero. Não libero!

– E por que não libera?

– Porque não quero. Sou censor e pronto. Proíbo e pronto. Entendeu?

– Não. Acho que o senhor não explica porque não sabe.

– Claro que sei.

– Então explica – desafiei. Ele ficou possesso e berrou mais alto ainda.

– Essa porcaria é pornográfica e subversiva.

– Por que é pornográfica?

– Porque tem palavrão.

– E por que é subversiva?

– Porque você sabe que não pode escrever com palavrão e escreve. Fim de papo. Tá resolvido e não adianta discutir.

Foi aí que começou a grande luta pela liberação da *Navalha na carne*. Cacilda Becker em São Paulo, Tonia Carrero no Rio de Janeiro, duas grandes atrizes liderando o movimento a favor da encenação da peça. Foi uma vitória retumbante de artistas e intelectuais de todos os naipes e de todos os brilhos, vitória de todos os que lutaram pela liberdade de expressão.

Nesses trinta anos que nos separam do episódio, várias montagens maravilhosas de *Navalha*, com grandes atrizes vivendo a Neusa Sueli. Até o glorioso filme de Neville D'Almeida, que acaba de estrear nos cinemas de todo o Brasil, onde Vera Fischer dá um banho de generosidade, vigor e poesia.

1997. Marco Antônio Rodrigues, o Marcão Santista, resolve montar outra peça minha, *O assassinato do anão do caralho grande*. O Marcão não vacila: a peça tem trinta e sete atores em cena; mais porradas de técnicos; ao todo, oitenta pessoas na parada. O entusiasmo do Marcão foi envolvendo todos. A peça virou uma paixão coletiva, todos se renderam, se doaram durante sete meses de trabalho todas as noites, até altas horas, sem cacau. E todos ali, sangrando, suando, chorando. Paixão. Paixão louca.

Agora, sinta o aroma da perpétua. A Rosana, diretora da Oficina Cultural Oswald de Andrade, e o Sartini, da Secretaria de Estado da Cultura, corriam atrás. Mas, cadê teatro? Uma fuleragem. A Secretaria tem vários teatros. Mas também tem funcionários inúteis, que se ocupam apenas da fofocagem miúda das repartições. A Rosana e o Sartini lutavam. Mas, cadê dinheiro? Mesmo assim, o espetáculo saiu. Com o mínimo de recursos financeiros e o máximo de vontade. Todos toparam fazer a peça aqui, ali, em qualquer lugar, onde desse.

O Marco Antônio, genial diretor, sabia da força do seu espetáculo. Um espetáculo de direção. Forte. Bonito mesmo. Valente, de uma coragem incrível. Todos, artistas e técnicos, jogando com a camisa do time. O Marco, como eu e mais nove artistas do elenco, é santista. O grupo todo se reuniu e votou uma pré-estréia em Santos. Pombas, nós somos peixeiros, amamos nossa terra, amamos nossa gente, então vamos lá. Santos tem um Teatro Municipal. O grupo requisitou três noites, com depósito adiantado. Tudo certo? Qual o quê... Quando a secretária de Cultura de Santos se tocou que o autor era eu e o diretor o Marcão... O que fez ela? Proibiu a apresentação!

Não vi a cara da bruta. Portanto, não posso dizer, pela leitura do rosto dela, se se trata de uma burrona. Porém (e sempre tem um porém), analisando os fatos, sei que é uma toupeira. Detalhe: o Marcão foi o melhor secretário de Cultura que Santos já teve (na gestão anterior, do David Capistrano, um ótimo prefeito que se elegeu pelo PT).

Por que perderam a eleição pro Beto Mansur? Porque, sabe como é, o David e a Telma, candidata à sucessão pelo PT, se estranharam, dividiram o partido. São águas passadas, mas foi assim que o tal Beto Mansur, um zebrão, se elegeu fácil. Se elegeu mas não ganhou; o David e a Telma é que perderam, o PT é que perdeu, a cidade é que perdeu.

O que pesa na balança é que a nova secretária da Cultura tomou o Teatro Municipal como se fosse dela. Tomou do Marco Antônio, de mim, de todo o elenco. Dizem que, com a inteligência que lhe é peculiar, ela alegou falta de coragem verbal: "Como eu iria dizer pro prefeito o nome da peça que iria entrar no teatro da prefeitura?".

Ela tem um teatro (ela deve achar que é dela), mas nós temos um espetáculo (que é mesmo nosso). Pois *O assassinato do anão do caralho grande* entrou no teatro do SESC, um grande e belo teatro. Foi um sucesso! Quase mil pessoas aplaudiram em pé, por longo tempo, acompanhando o ritmo da música final. Foi comovente. O Marcão chorou, emocionado; vários atores também.

Não sei se a secretária de Cultura local sabe que Santos é conhecida no mundo todo como "a terra da liberdade e da caridade"... Vai continuar sendo. Apesar dos que se arvoram em donos da cultura.

Uma história do cais do porto de Santos

Última Hora, 27/4/1969

O cais do porto de Santos já foi uma das bocas mais pesadas de Santos. Lá era broca. Ninguém enjeitava pau. O bicho que fugia do cacete, não aparecia mais. Se desse as caras, virava o esparro. A curriola pegava no pé, dava biaba e esculachava. A ordem lá no golfo era encarar. Sempre. Do jeito que viesse. Apanhar não é feio. Pega mal é tirar o time de campo na hora do sarrafo. E a moçada da Baixada Santista sabia o que dizia o Mestre Zagaia:
— Quem tiver medo de homem não deve sair na rua.
E se Zagaia diz, é que é. Então o negócio era na base do agrião. Ninguém deixava nada no barato. E os valentes eram linha de frente mesmo. Quem duvidar, é só procurar saber a história da estiva de Santos. Mas deixa andar. Esse papo um dia eu levo num livro. E tem coisas pacas. Como se fundou sindicato, o troço dos bagrinhos, seus heróis, seus judas, suas glórias, suas misérias. Um dia eu racho o plá. Podem crer. Eu nasci pra ser o cronista do cais do porto de Santos. E juro por essa luz que me ilumina que vou ser.
Mas o que conta aqui é o salseiro do Simião com o Toninho Navalhada. Foi um perereco. Dois bravos. Se cruzaram numa guerra e foi lenha.
Não sei como aconteceu o bochincho. Sei que teve um bateboca na parede da estiva. Teve outro bate-caixa na ponte do barco. Mas teve o gango pra maneirar. E como os dois tinham valor

provado, se respeitavam, se mediram e deixaram o "vamos ver" pra mais tarde. Só pra não atrapalhar o batente da turma. E o tempo rolou e chegou a hora da verdade.

Simião e Navalhada se toparam numa birosca das Docas, ali nas quebradas do canal do Mercado. As botucas de um bateu no outro e não teve mumunhas. Cada um entregou seu serviço. O Navalhada charlou primeiro:

— Eu tou coberto Simião. E tu?
— Estou com as armas em cima!

Os dois se mediram e o Navalhada combinou:

— Então tem que ser.

O crioulo Simião entrou na dele.

— Pois é. Tu é bravo, eu também. Tem que ser.

O Navalhada deu a volta no balcão e ficou bem na frente do inimigo. Aí selou:

— O que tem que ser, é.

E o negrão aceitou.

— Já ou agora.

O mais rápido foi o Navalhada. Puxou a draga e meteu tocha no crioulo. O melado correu. O Simião, beliscado, desabou. Arreou mas não fundiu a cuca. Se fechou em copas. Não gemeu nem nada. Estarrado na terra bolou o xaveco. Se fingiu de apagado e segurou as pontas. A batalha era de vida ou morte. O perdedor tinha que ser defunto. Qualquer um sabia que se o que ganhasse não mandasse o outro beleléu, ia ter volta. E os dois que estavam no meio da pauleira sabiam mais que todos.

E foi nessa fé que Simião se agarrou. Enganou de morto e esperou o Toninho Navalhada vir conferir. Com o berro na mão, o crioulo se preparou. O majura embarcou na canoa furada. Abaixou perto do negrão e virou o bruto pra ver a cara. E aí recebeu o troco. O Simião devolveu as tochas. O Toninho Navalhada saiu da vida. O crioulo continuou a peleja. Saiu se arrastando pelo chão. Ia com a dor marcando a fuça. Deixando uma estrada de sangue atrás de si. Moído. Beliscado. Mas sem se render foi se arrastando até o canal do Mercado. Encostou nas berbas e jogou o revólver nas águas barrentas. Daí deu a dica pra curriola:

— Quando a cana vier ninguém entrega. Se cagoetar, já viu.

E sem se segurar em pé, empacotou.

O Simião não morreu. A ambulância guindou ele pra Santa Casa da Misericórdia de Santos. E ele se salvou.

Amor e ódio
de Bacalhau e Marion

Revista *Relax*, julho/1977

O Bacalhau era o português mais munheca que já veio ao mundo. Com ele era ali, na morisqueta. Se mandou pro Brasil a fim de amarrar o burro na sombra. E nem queria saber: o lance era faturar. Pegava o batente de condutor de bonde. Linha 19. No reboque, que era mais fácil de engrupir fiscal. O bondão saía da estrada de ferro, atravessava o cais do porto de Santos e ia até o loló do Macuco. O Bacalhau ali, fazendo chover na sua horta, na velha base do agrião: dois pra companhia, um pra adiantar seu lado; tudo o que enfurnava, não saía mais. Seu sonho era, um dia, voltar pra Portugal bem calçado.

Com a muquinha pega na cuca, o cutruco amargava o talo, mas não chiava. Segurava as pontas. Forrava os peitos na pensão do Prato Feito e encostava o cadáver no cortiço do Assanhado, boca do desespero. Essa era, aliás, a escama do Bacalhau. Era só alguém apertá-lo, com lance de escapar da zorra, e logo vinha o deschavo: "Ora, ora... pois, pois... se eu fosse rico, não estava atrelado ao reboque do 19 e morando nessa joça". Com essas e outras, ele escapava de rifa, lista, mordida de parceiro.

Porém (e sempre tem um porém), não escapava do bochincho da curriola do cortiço; o Assanhado inteiro boquejava que o portuga unha-de-fome estava montado na grana. De tanto ligar suas antenas nesse bafo, a negrinha Marion, pistoleira escolada por muitos anos de janela, começou a paquerar o Bacalhau. A crioula queria botar a mão na bufunfa e cair fora da piorada que levava. O cutruco era o seu pedal. A Marion se guiava pelas dicas da Tabuada das Candongas, onde Mestre Zagaia dá sua pala: "Trouxa não precisa de grana". E se Mestre Zagaia diz, é porque é.

Por dentro dos assuntos, acreditando pacas na sua embaixada e na pinta de loque do cutruco, a crioula levava fé no remelexo. Olhava pro Bacalhau e via um bilhete premiado. E tome dengo. O portuga, que de otário só tinha a fuça, dava carga. Se servia. Ninguém falava em dinheiro. O Bacalhau não era mesmo desses arreglos e a crioula, que estava cozinhando o galo pra lance alto, deixava pra lá os pichulés. Até que chegou o dia do esquinapo.

Certa de que o seu cupincha estava entrutado no seu chamego, a Marion meteu ficha:

– Tou precisada de uma grana. É pra tirar um bacuri, que não pode ser: e tu que tem culpa.

Era xaveco. O portuga sacou. A Marion não era de parir há muito tempo. Ele cutucou:

– Deixa nascer.

Essa dica entortou a negrinha. Ela perdeu a esportiva e saiu na linha grossa:

– Não tem disso, não. Vai bufar, mas tem que gemer com o sonante. Pensa que eu sou palhaça? Vem cria, tu dá o pinote e eu fico aí, no ora veja, com nenê berrando e tudo. Quero grana. E já!

Foi um perereco. A negrinha viu que tinha tubulado. Fez um salseiro. Foi lenha dura. Deu banda no cutruco, que não era de comer enrolado, e fedeu. A moçada do cortiço veio cheirar. Acabaram entrando no pega-pra-capar. Baixou cana no Assanhado. Foi o gango todo explicar pro delegado o porquê do bate-fundo. O delerusca só deu uma espinafração sentida e mandou caírem fora, que o xadrez já estava entulhado de pilantra.

Pro Bacalhau, o caso tinha acabado nisso. Pra negrinha Marion, não...

Tinhosa, ela não era de deixar barato e quis jogar o labrego no chão. Apanhou uma cueca do cutruco e foi bater cabeça no congá de Mãe Begum de Obá, que tinha terreiro no Pau Grande e fama na Baixada Santista inteira. A crioula deu a cueca e uma nota pra macumbeira e ela botou pra quebrar. Mandinga forte. Bateu atabaque três sextas-feiras seguidas. Tudo quanto foi santo forte veio valer pra Marion.

Mas, que nada... O labrego não teve nenhum abalo. A crioula campaneou o portuga e se mancou que ele ia de vento em popa. Nenhuma carruíra grudou no pé do pinta; ele não caiu do bonde; estava se dando cada vez melhor com o mulherio do cortiço. Ou seja, ia levando em maré mansa.

A crioula ficou uma vara. Se picou de raiva e foi bronquear com a macumbeira:

– Tu é enganadeira. Pegou minha nota e não jogou o desgraçado do Bacalhau no chão.

– Não aconteceu nada com o teu homem? – a Mãe Begum se fez de boba.

– Não! Não! Não! O português está mais firme que uma rocha – berrou a negrinha.

– O cara é cutruco? – perguntou surpresa Mãe Begum.

– É português, sim! Português salafra! – selou a atucanada Marion.

– Por que não avisou logo que o tal pilantra era labrego? Daí eu não pegava o trabalho – declarou aliviada Mãe Begum de Obá.

Diante do espanto da negrinha Marion, a mãe-de-santo pôs a maior banca:

– Escuta, minha filha: se macumba pegasse em português, crioulo nunca tinha sido escravo.

O telepata

Revista *E*, fevereiro de 1995

Trabalhávamos num show de um cabaré escroto na zona portuária de Santos. Eu, um contador de histórias – parangolé, bico-de-pato, rosca-empanada, quás-quás-quás, bolacha, cachaça, cocada, ou vai-ou-racha, ou quebra-a-tampa-da-caixa. Ele, um telepata. Pra nós dois, aquela vida era um martírio. Imundície!
   Por que a gente continuava lá? Sei não. Talvez pra cumprir com grandeza a miséria que nos coube por destino. O que sei é que, quando acabava minha parte, eu ia prum boteco próximo e bebia todas – até chumbo derretido, se servissem. Logo depois, vinha o telepata. Estava sempre pior do que eu. Já chegava se lamentando, não fazia cerimônia. Tudo o que dizia, vinha do fundo da alma. Bebia, bebia e ia se abrindo:
   – Pois é, palhaço. Eu sou telepata. Juro que sou. Eu recebo mensagem, podes crer.
   Eu ficava quieto. Respeitava a dor do bruto, que era grande. E, depois, a gente aprende que cada louco tem a sua mania. Aquele ali queria ser telepata. Ficava tempo em silêncio; a expressão ia mudando, passava da tristeza à revolta. Às vezes, afivelava na cara uma máscara de conformismo e de repente se alterava e explodia:
   – Que merda! Que merda! Sou um telepata! Devia ser respeitado, incentivado a desenvolver esse dom. Mas aqui nesta merda só recebo esculacho. Ninguém dá valor.

Noite após noite, ele vestia um *smoking* velho e sujo, uma capa roxa brilhante, um turbante oriental com uma pedra vermelha no meio da testa, e entrava na pista da espelunca acompanhado de sua parceira, Helen Morena, que usava um biquíni dourado. Ela colocava uma venda preta nos olhos dele e ia pro meio do público. Aí começava a folia. Passavam a mão na bunda da pobre mulher, davam beliscão nas coxas. Ela estrilava, o público ria. E provocava:

— Adivinha o que eu quero, gostosona...

— E eu? Não é difícil, nem precisa perguntar pro otário...

Era um massacre. Tinha noite que eles não conseguiam completar o número, o telepata xingava o público e saía do palco sob vaias. Para Helen era ainda mais difícil. Os cafajestes a agarravam e, se os seguranças não agissem rápido, com certeza ela seria violentada. Para o dono do cabaré, um grande sucesso. Para o telepata, a suprema humilhação.

Só mesmo indo direto pro boteco e dá-lhe desabafo:

— Palhaço, este é um país de filhos-da-puta. Em qualquer lugar do mundo... olha, não é conversa... No tempo da guerra, teve um tal de Zener que inventou um baralho para treinar telepatas. Simples, muito simples: uma estrela, uma esfera, um quadrado, uma cruz, umas ondas... E, lá na escola, os aprendizes de telepata eram treinados com as maiores regalias: bolsa de estudo, comida todo o dia... Mole... Tem até hoje essa escola só pra desenvolver o talento do aprendiz de telepata. Não é como aqui, que um sujeito como eu é desprezado. Pombas, tenho que viver enganando! Um cara com tanta aptidão ser forçado a abandonar sua arte, sua magia, virar um charlatão, obrigado a depender de uma puta como essa Helen Morena, isso me assusta, palhaço. Estou na mão da putona. Se ela quiser me sacanear, é só inverter a combinação... Aí não acerto nada.

E caía num estado de depressão absoluta. Ficava bebendo, quieto. E eu ia pra lá e pra cá, levando um papo com uma mulher, com outra, com uns amigos, contando umas piadas... O pessoal ria, meu humor melhorava. Mas de repente o telepata me chamava:

— Palhaço, chega mais.

Eu ficava de saco cheio de ter que aturar a figura. Mas ia, era colega — sempre fui solidário. Toda hora ele vinha com uma novidade.

– Olha, palhaço... Sabe que no tempo da guerra a marinha dos Estados Unidos fez uma experiência de entortar o patuá? Pegaram dois telepatas; trancaram um no porão de um submarino e outro num quartel, durante três meses. Deram um baralho Zener para cada um. Todos os dias numa hora combinada, o telepata que estava na terra passava uma mensagem pro que estava no fundo do mar. Era só a mentalização de uma carta – uma estrela, uma esfera, um quadrado, uma cruz, umas ondas... Eles iam marcando o dia, pra conferirem a quantidade de acertos no final da experiência... Tá vendo como as maiores potências do mundo se ligam em telepatia? Aqui, um cara como eu... tô aí, jogado...

– Essa experiência americana deu certo? – dei trela.

– Sei lá, palhaço, eles enrustem o resultado. Os russos tinham porradas de espiões... americano não é bobo de ficar revelando segredos tão importantes. Os russos também faziam experiências do tipo, mas aqui ó, que revelaram alguma coisa! É isso, palhaço, a telepatia é a comunicação do futuro. Quando os ETs chegarem à Terra...

– Corta essa, corta! – protestei. – Não vai ser um otário de cabaré de beira de cais...

– Porra, palhaço... Deixa. Esquece. Eu tenho é que falar comigo mesmo. Só pinta idiota na parada.

Eu tinha vontade de mandar o bruto pra... Mas dava desconto. Ele resmungava um pouco, pagava a conta e ia embora.

Numa noite, ele chegou no boteco pior do que nunca. Pediu um vinho, uma coisa ruim que quando caía no mármore manchava. Foi bebendo e xingando:

– Aquela vagabunda! Aquela porca da Helen Morena! Vagabunda, aprontou comigo!

– O que aconteceu? – perguntei por perguntar.

– O que aconteceu, palhaço? Ela me traiu!

– Mas desde quando você liga pra mulher?

– Não ligo. E se ligasse, não ia ser pruma vagabunda dessa. Ela me traiu passando nosso número prum cafetãozinho de puta pobre. A ordinária e o canalha já estão arrumando um cabaré pra se apresentar. O pilantra até mandou fazer uma roupa igual à minha. Um chucro e uma vagabunda...

— Mas nunca vão tirar o seu lugar, você sabe o que faz — eu quis consolar.
— Isso é verdade, palhaço. Juro, eu sou telepata não toda hora... mas de repente... minha mente... Não é quando eu quero... mas de repente... Agora o sacana e a piranha vão usar meus truques. Até eu arrumar uma mulher nova, ensinar... Não, palhaço, não agüento mais... Estou velho: sessenta e cinco anos, quarenta de ofício. Não agüento mais ensaiar outra mulher... que logo vai me deixar. Que merda de vida, que merda!

Saí de perto. Ele nem notou. Bebeu até o último gole daquele vinho nojento e foi embora.

No dia seguinte, o rapaz do hoteleco onde ele morava chamou a polícia e avisou a gente: o telepata tomou guaraná com formicida. Deixou um bilhete: "A Helen Morena me abandonou. Bom pra ela. Mas eu não tenho mais saco pra ficar ensaiando, ensaiando, ensaiando outra puta pro meu número de telepatia. Adeus".

Coisas da vida

Debate Regional, 21-27/10/1979

O marujo Valdemar atracou um pouco tarde na vida de Maria de Lurdes Rocha. Ela já vinha escolada por muitos anos de janela e ele, catimbado por tremendos temporais. Ambos machucados pelas rebarbas que pregaram nas andanças sem rumo pelos confins das quebradas do mundaréu. Mas, ao se encontrarem um dia, no esquisito, se vidraram. Um meteu as botucas nas botucas do outro e nem precisou charla. Os olhos sem brilho da Maria de Lurdes refletiram na noite sem estrelas do marujo Valdemar como dois faróis de luz doce e serena. E ele soltou amarras e navegou ternamente nos braços morenos da namorada. Se amaram na Praia da Pouca Farinha, embrulhados nos raios de luar e embalados no som dolente das ondas beijando a areia branca. Foi gama de pedra. Entrega inteira. Mas já era tarde para eles.

Cada um trazia, dos caminhos por onde cruzaram, mil fantasmas, que de repente saltaram do passado e se agitaram como sombras malditas, bagunçando tudo. Mesmo assim, foram morar juntos num casebre onde pretendiam se livrar das cargas que apanharam em estivas de portos estranhos. Cada um levou a ânsia de erguer um mundo. Porém, o que pesava mais na balança eram as grongas. A Maria de Lurdes não botava fé em nenhum homem, de tanto tranco que já tinha tomado. E o marujo Valdemar não se fiava em mulher que já passou por muitas mãos. E aí se deu o esquinapo. Mesmo juntos, se ardiam de solidão. Quando podiam se sentir felizes, se enchiam de minhocas nas cacholas.

Maria de Lurdes contava com as idéias de jerico as marolas que sacudiam seu coração. Pensava consigo que não valia a pena curtir esperança no destino porque um dia, fatalmente, um barco apitaria no cais do porto e o marujo Valdemar se mandaria para cumprir a sorte que Deus lhe deu. Iria embora, sem até breve, vagar de mar em mar.

Já o Valdemar, em sua cuca fundida pelas maresias de tantos amores fracassados, rejeitava os afetos mais puros, que pretendia ofertar à companheira, com mumunhas fedidas. Achava o marujo que, leviana como todas as mulheres que conheceu, a Maria de Lurdes se arrancaria com um pescador qualquer, pra não deixar mal o mestre de cartas que lhe traçou a rota de bandida. E nessa zorra se atucanavam.

A mulher, conformada por temperamento, deixava andar pra ver como ia ficar. Mas, o marujo, que era ouriço de natureza, não agüentava as pontas. Se desesperava só de imaginar a dura pena que seria ter que andar por águas barrentas, com seu porão entupido de saudade de Maria de Lurdes e da noite em que a amou na Praia da Pouca Farinha. Que, na verdade, foi a única noite em que amou em toda vida.

Se roía de mágoa e se entralhava de dor. Mas nem de leve se desarmava pra tentar, pelo menos por um momento, ter outra vez a aventura da primeira vez. Que nada! Pra que se escorar, tinha que encher o caco. O seu lastro era pequeno e no meio da tormenta não dava equilíbrio. Bêbado, o marujo endoidava e, sem explicação, tacava a mão na fuça da companheira.

Não podia a triste Maria de Lurdes entender que as biabas que o marujo lhe dava eram carinhos de um bruxo. De um poeta sem forma de expressão. De um amante angustiado e impotente para reviver o mais belo momento da sua existência. Nada disso podia ocorrer pra Maria de Lurdes. Ela agüentava o repuxo, não por amor ao amor da primeira noite. Mas pelo prato de comida que no mocó do marujo Valdemar nunca faltava e que, nas trilhas por onde ela passou, muitas vezes era raro.

Com essas e outras, as quizilas foram ganhando passagem livre. E o que ambos temiam, que era o rompimento, um dia aconteceu. O marujo encheu o bucho de cachaça e, sem cerimônia, sentou a pua na mulher. Não prestou. A mulher estava de ovo virado. Se invocou. Pegou seus badulaques e se espiantou. Valdemar estava muito empapuçado pra se dar conta do que acontecia. Se apagou. Quando se ligou outra vez, além da ressaca, sentiu falta da mulher. Como louco saiu na captura de Maria de Lourdes. Se bateu pacas. Por fim a encontrou. A mulher estava no poleiro da Madame Violeta, fazendo o que podia pra adiantar o seu lado.

O marujo Valdemar endoidou. Ele que chegou ruído de remorso se encheu de razão. Aprontou um salseiro. Virou bicho e fez o escarcéu. Bolachou a mulher sem consideração nenhuma. E depois, por paixão, a arrastou de volta pro mocó.

Daí pra frente, a sujeira bateu direto. A Maria de Lurdes se tocou na fraqueza do marujo. Avacalhou a guerra. Desconsiderava o Valdemar com qualquer vagau. Dava rolo esses peperecos, mas o marujo acabava perdoando e chorava as pitangas, pedindo uma noite igual àquela na praia. Mas de tanto tranco que tomou pelos caminhos por onde andou, a Maria de Lurdes não sabia mais ouvir. Era pouco o amor que dava ao marujo Valdemar. E ele, azucrinado ia se acostumando com aquela miséria. Até que um dia não deu pé.

O marujo encheu o caco e sentou o pau na mulher. Ela, picada de raiva resolveu esculachar de vez com o parceiro de mocó. Ganhou um pilantroso qualquer e, bem na vista do marujo, desceu com seu amigo do momento pras areias da Praia da Pouca Farinha. Essa o Valdemar não segurou. Pegou a arma, seguiu o casal, apareceu de surpresa e fez a desgraça. Chumbou o acompanhante da mulher. E diante do crime, a Maria de Lurdes se acanhou. Ficou bamba de medo. Fora de si, o Valdemar, sem dizer bulhufas, derrubou a Maria de Lurdes e a possuiu embrulhado nos raios de Lua e embalado pelo som dolente das ondas beijando a areia. Se entregou. Mas nada recebeu. Sem reclamar, apanhou a arma e estourou os miolos.

A Maria de Lurdes ficou sentada junto aos cadáveres até o dia clarear. E quando a encontraram, não deu pra ela contar a história dolorosa do seu amor.

Pela bola sete

Última Hora, 12/1/1969

O Bereco era do devagar. Não queria nada com o batente. Seu negócio era sinuca. E nisso ele era cobra. De taco na mão fazia embaixada. Conhecia os trambiques do jogo e sabia como entrutar o parceiro. Então estava sempre com a bufunfa em cima. Sabe como é o lance. Sempre tem um panaca pra desconhecer o nome do mandarim. E o Bereco ajudava. Se vestia como um Zé Mané qualquer. Neca de beca tranchana. Isso espanta o loque. O babado era se fazer de besta. Tirar onda de operário trouxa. Desses que dá um duro do cacete de sol a sol, se forra de prato feito, e na folga vai fazer marola em boteco. Daí sempre tem um malandrinho pra tomar os pichulés do otário. Se fazer passar por coió era o grande trambique do Bereco. Com essas e outras ele engrupia até muito vagau escolado.

Até no Bar Seleto de São Vicente, ponto certo dos grandes tacos do mundo, o Bereco deu esse deschavo. E grudou. Pensaram que ele era pão ganho e ele tomou o sonante dos pintas. E assim o Bereco ia remando seu barco em maré mansa.

Mas é como diz o Mestre Zagaia:

— Um dia é da caça, outro do caçador.

E se o Zagaia diz, é que é. Todo o mundo sabe disso. Porém, acontece que, como não dá pro nego tocar fogo no mar pra comer peixe frito, tem que botar pra quebrar. E o Bereco ia firme. Só ganhando. Um pato atrás do outro era depenado. Sem dó. Que nas paqueras da vida é cada um pra si. Mas chegou a virada.

Era fim de mês. Dia de pagamento da Refinaria de Petróleo. O Bereco que estava por dentro se picou pra Cubatão. Se plantou num salão dos bordejos da refinaria e ficou na moita. Logo foi baixando a freguesia. Tudo de capacete de lata. A batota estava contentona de envelope no churro. E o Bereco só espiando o lance. De vez em quando tirava um paco de nota pra pagar uma Coca-Cola. Era a milonga. Logo um capacete de lata mais afobado se assanhou com o dinheiro do majura. Sentiu a muquinha pega e quis tomar. Mediu o Bereco e foi no xaveco da pinta. O Capacete de Lata tinha um joguinho enganador. Desses que é bom em mesa de sindicato. Mas levou fé em si e nenhuma no Bereco. Encarnou no moço:

– Como é, parceiro? Quer fazer um joguinho?

O Bereco não deu pala.

– Jogo nada.

O Capacete de Lata cercou.

– A leite de pato.

O Bereco deixou andar.

– Se é de brinquedo, vamos lá.

E começou o jogo. Bereco sentiu o parceiro e tirou de letra. O Capacete não sabia nada. O Bereco deu o engano. Os primeiros dez mirréis, os segundos e os terceiros o Bereco empurrou pro trouxa. E se fez de bronqueado. Partiu pros vinte, pros cinqüenta e pros cem mil. O Capacete de Lata estava se deitando. Era seu bilhete premiado. Com o dinheiro que ganhou do Bereco, o seu ordenado já tinha um milheiro no porão. Daí o Bereco selou:

– Ou tudo ou nada.

O Capacete de Lata nem balançou.

– Um milhão na caçapa.

Todo o mundo de botuca ligada na mesa. O Capacete saiu pela cinco. Errou. O Bereco se tocou que o xereta estava nervoso. Teve que maneirar. Cozinhar o galo. Senão ia ficar escrachado o perereco. Errou na cinco que estava cai não cai. E o joguinho ficou de duas muquiranas. Só na bola da mesa. O Bereco não embocava. Só colhia as mancadas do Capacete de Lata. Se o bruto batia uma três, o Bereco fingia que era sem querer, e deixava uma sinuca de bico pro inimigo. E na catimba do Bereco e no virador do Capacete de lata o jogo foi comprido pacas. Os sapos nem chiavam. Seguravam as pontas. Era tudo torcedor do Capacete de Lata. Trabalhadores da refinaria de petróleo de Cubatão. Mas o Bereco nem estava aí. Já contava com o dinheiro da caçapa.

Aí chegaram na bola sete. Só a sete estava na mesa. E o jogo estava por ela. O Bereco folgado, muito à vontade encostou a negra na parede. O capacete de lata tremia, suava. Estava com o motor batendo acelerado. Fez mira. Começou a pensar que tinha quatro filhotes no seu chatô, aluguel de casa, rango, escola, remédio e os cambaus. Pensou no que ia dizer pra mulher. Com a cabeça cheia de minhocas deu na cara da bola. Uma chapada. A negra rolou para um lado, a branca pra outro. O Capacete de Lata sentiu um alívio. Pelo menos acertou na bola. Mas o recreio durou pouco. Quando as bolas pararam a sete estava na boca da botija. Pedindo pra cair. E a branca no meio da mesa. Ninguém por mais cego que fosse errava aquela. O Bereco sorriu. Deu a volta na mesa devagar. Bem devagarinho. Enrustido, sem dar bandeira ia gozando as fuças do otário. O Capacete de Lata só faltava abrir o buê. Deu a volta e ficou atrás da caçapa em que a bola ia cair. O Bereco deu uma dica de leve.

– Vai secar?

O Capacete de Lata quis falar mas não deu. Se engasgou. O Bereco não se flagrou no olhar do panaca. Se tivesse visto as bolas de sangue nas botucas do Capacete de Lata ia ficar cabreiro. Não viu e fez a presepada. Passou giz no taco com calma. Se ajeitou na mesa, com calma. Aí levantou a mira. Viu a bola branca, a sete, a caçapa, atrás da caçapa um revólver quarenta e cinco, atrás do revólver o Capacete de Lata. O Bereco quis saber:

– Que é isso, meu compadre?

O Capacete de Lata espumou, babou e resmungou.

– Se meter essa sete, eu te mato.

O Bereco viu logo que era jura. Se fechou em copa. Deu na bola de esguelha, o taco espirrou. Relou na sete e as duas ficaram na berba da caçapa. Coladas. O Bereco fingiu que não havia nada.

– Ficou pra você, compadre.

O Capacete de Lata guardou o revólver treta, a raiva e tudo. Foi de cabeça. Deu no taco e bimba. A branca e a negra mergulharam

juntas. O Bereco só ficou olhando. As lágrimas correram nos olhos do Capacete de Lata. Estava tão embaixo que não dava pra pegar a arma e aprontar o salseiro. Só deu um lamento.
— Tenho quatro bacuris.
O Bereco fez que não escutou. Recolheu a grana e saiu de fininho. O Capacete de Lata saiu logo atrás. Ninguém se mexeu. Passou um tempo e veio o estouro. Meio mundo foi ver as rebarbas. No meio da rua o Capacete de Lata estava estarrado. Tinha o revólver na mão e uma bala na orelha. Se acabou. O Bereco só teve pena de nunca mais poder dar grupo em trouxa do Cubatão. Perdeu um grande pesqueiro.

Saltimbanco do Macuco

Jornal da Orla, 3/10/1999
(Última crônica publicada)

Muitas vezes me perguntaram quantas peças escrevi. Umas quarenta, digo como quem confessa. A pergunta seguinte, quase invariavelmente, é de qual delas gosto mais. Sem acanhamento nem cerimônia, digo todas. Por essa luz que me ilumina, é a mais pura verdade. Todas elas me fizeram o que sou, me trouxeram sucesso e tudo o que ele acarreta. Por causa delas, tive a chance de ser fraterno, bom camarada, de colecionar muitos amigos por todo o Brasil. Elas me deram a certeza de que aonde chegar estou chegado; e de que nunca vou passar fome e frio, pois sempre serei bem acolhido.

Porém (sempre tem um porém), de todas as peças que escrevi, houve uma que foi a primeira, e ela é especial. E volta à cena agora, quarenta e um anos depois, pelo esforço de jovens talentosos que quiseram montá-la (e fizeram um trabalho lindo), a começar pelo diretor Sérgio Ferrara. Se ela ainda vale? Claro, como valeu na estréia, há mais de quatro décadas.

Vale mesmo, diz a crítica especializada que se comoveu com o espetáculo em cartaz no Teatro Eugênio Kusnet, em São Paulo. Isso se deve ao elenco que o Sérgio aglutinou, gente doada, se entregando ao texto com alma e entusiasmo: Antônio Petrin, Jairo Mattos, Élcio Nogueira, Eric Nowinski, Adão Filho, Antônio de Andrade, Silvio Restiffe e outros. Tem muito mais gente de grande vigor envolvida, como J. C. Serroni e seus discípulos (cenário) e Beti Antunes (figurinos e produção).

Lembro do mestre Nelson Rodrigues (outro autor enfocado no projeto de ocupação do Teatro Eugênio Kusnet, em 1999-2000), que dizia com meiguice: "Você sempre deu sorte de encontrar bons atores e diretores para seus textos". Pois é, aí estão o Sérgio, o Petrin e os outros para não deixarem o Nelson mentir. São todos ótimos! O espetáculo não podia ser melhor. Dei sorte outra vez, como em todas as montagens de *Barrela*, a peça escrita pelo moleque Frajola, do Circo Pavilhão Teatro Liberdade.

Naquele tempo, a estréia no Teatro do Centro Português foi cheia de forrobodó: polícia, censura, uma proibição atrás da outra. Escoramos as broncas e aprendemos que respeito se conquista encarando as encrencas. Tiveram que me engolir. Estão tendo que me engolir ainda, com casca e tudo, e será assim até o final dos meus dias. Uma vez, numa festa em Santos, botaram uma faixa em minha homenagem: "Plínio Marcos, o Saltimbanco do Macuco". Pois é, esse sou eu: saltimbanco do Macuco, meu bairro querido, o bairro da minha vida, o pedaço de mundo que me deu tutano, sustento e energia, o pedaço de mundo que forjou em mim amor à vida e vontade de lutar contra qualquer opressor. Por ser do Macuco, me fiz guerreiro. Por ser guerreiro, me fiz lutador pela liberdade de expressão. Por tudo isso, escrevi *Barrela* e, depois dela, um monte de peças.

Recentemente veio uma rapaziada aqui em casa pra saber histórias do Jabaquara; eles vão encerrar o ano na faculdade com um estudo sobre o Jabuca. Contei casos e mais casos. No final, um dos rapazes me perguntou se sempre fui jabaquarense com sinceridade. "Sempre; uma vez Jabuca, sempre Jabuca", respondi. Depois outro garoto mais atrevido quis saber se sou bairrista. "Não, de jeito nenhum, apenas sou do Macuco; e uma vez macuqueiro, macuqueiro hei de ser para sempre".

Há poucos dias, apareceu uma moça muito bonita numa festa se apresentando a mim como leitora do *Jornal da Orla*; coleciona as histórias que eu conto aqui nessa Janela Santista e tem predileção especial pelas do Jabuca. A moça se chama Meire e foi aluna de mestre Rossini, folclorista respeitadíssimo. Ela acha que essas histórias do Jabuca (e as do Macuco e as de Santos inteira) têm vida, são folclore puro, mostram uma visão de mundo, um jeito de viver e de ser. Está certa. Citei esse depoimento dela para a turma da faculdade de jornalismo. Com certeza, o mestre Rossini, já falecido (pra prejuízo da nação), está feliz com essa sua ex-aluna. Quem vai atrás do Jabuca acaba mexendo com os quilombos da Nova Cintra, folclore legítimo de primeira linha.

Pra fechar o círculo, só falta levarmos essa *Barrela*, que está em cartaz em São Paulo, para Santos, Toninho Dantas... Aliás, na abertura do recente Festival de Teatro de Santos, Toninho prometeu que levaria a *Barrela* pra minha terra de novo. Vou fazer pressão até ele se render... Vamos com a *Barrela* para Santos, com certeza. Eu, o saltimbanco do Macuco, mereço isso. Portanto, fica aqui um recado para o Toninho Dantas: venha assistir à peça aqui em São Paulo para levá-la pra Santos. Estou te esperando.

Neste domingo me confesso

Última Hora, s. d.

Eu sei de mim muito pouco. Mal me vejo e quase nem me reconheço. Em que atalho do caminho me perdi? Por que minha consciência está entorpecida? Por que só raras vezes a velha chama me brota no peito? Eu me abro com todos. Se eu não for sincero, estou para sempre perdido.

Era quinta-feira, quatro horas da matina. Eu vi com esses olhos que a terra há de comer um dia: uma mãe, que podia ser a minha, ou talvez a mãe dos meus filhos. Mas deixa isso de lado. O que quero contar é que eu vi uma mulher jogada na sarjeta, enrolada no sono, na sua miséria, já tão distante da agonia, mas enrolada protegendo as suas crias – uma criança de 9 anos, uma de 7, uma de 11 meses ou dois anos, como adivinhar seu tempo, se já era tão anêmica, tão raquítica? Mas, suponho, todas elas crianças da idade das minhas. E eu me respondi que era eu um bamba, que aquele era meu povo e que do meu povo eu não tinha piedade, pelo meu povo eu tinha amor.

E nessa justificativa de um homem seco, segui a vida. Nos meus olhos de bem ver, nada se via. Nem compaixão nem a indignação nem a raiva que em mim havia outrora e me fizeram ser quem sou, que me deram meu lugar mesmo sem ter sabedoria. Então, de repente, eu me encontro batusquela, canalha, sereno, cheio de babados, justifico minha indiferença: "eu tenho amor, não tenho piedade".

Mas, na verdade, eu já não tenho a bronca pega e nem a poesia. Já não tenho a sarjeta e o espanto diante da miséria, já compreendo o luxo e a opulência de alguns, já tenho pavor da cadeia, já tenho o papel, o espaço e a caneta. Há em mim mais forma, meu talento está mais apurado. Porém (e sempre tem um porém), onde está o escritor dos desgraçados que eu sempre quis ser? A voz trovejante do protesto constante dos marginalizados? Onde me perdi? Em que resultei? Onde deixei meu ódio? Onde me acomodei? Será que sou isso só: um escapista, que tem amor e não tem piedade? Que não tem indignação e tem tática diante de tanta injustiça? Que fiz eu de mim, Senhor dos desgraçados? Onde foi parar o irmão dos presos, dos famintos, dos insones, dos doentes, dos humilhados? Eu só queria ser o cantor das dores dos anjos caídos.

E eis-me aqui, sem força, sem ódio, sem meu grito aflito. É certo, sim, nesta hora meus filhos estão bem agasalhados. Todos muito bem protegidos. E, pombas, como só agora eu percebo que isso me basta? E se a garra de brigar nas encardidas batalhas for sumindo em mim? É certo eu ser um sábio maneiroso que pensa duas vezes antes de incomodar os acomodados, ou ser como penso agora, neste instante de rara lucidez, que se deve lutar pelos pães distribuídos? A mulher estendida na rua na noite fria, protegendo com o corpo suas crias, já não me comove, já não é minha. Na realidade, apenas me incomoda. Como incomoda a qualquer ricaço. E é nisso que eu me embaraço. Será que eu me tornei um escritor tecnocrata?

Se assim for, Senhor Deus dos desgraçados, me tire a luz, me deixe um farrapo. Me arranque a razão, a consciência, me ajude, que eu por mim só não tenho coragem. Mas quero estar de qualquer jeito ao lado dos miseráveis.

Bibliografia

Obras de Plínio Marcos

Figurinha difícil: pornografando e subvertendo. São Paulo, SENAC, 1966.

Jesus Homem. São Paulo, Editora do Grêmio Politécnico, 1981.

Madame Blavatsky. São Paulo, Edição do Autor, 1987.

Querô: uma reportagem maldita. São Paulo, Publisher Brasil, 1999.

O truque dos espelhos. Belo Horizonte, UNA, 1999.

Na Barra do Catimbó. São Paulo, Edição do Autor, 1979.

Inútil pranto e inútil canto pelos anjos caídos. São Paulo, Lampião, 1977.

Obras consultadas

BENDER, Flora Christina & LAURITO, Ilka Brunhilde. *Crônica:* história, teoria e prática. São Paulo, Scipione, 1993.

CARTA, Mino. *O castelo de âmbar.* Rio de Janeiro, Record, 2000.

MATTOSO, Glauco. *O que é poesia marginal.* São Paulo, Brasiliense, 1981.

RODRIGUES, Nelson. *À sombra das chuteiras imortais.* São Paulo, Cia das Letras, 1993.

SÁ, Jorge de. *A crônica,* São Paulo, Ática, 1997.

SILVA, Ricardo Marques da & ALEXANDRINO, Carlos Mauri. *Sombras sobre Santos:* o longo caminho de volta. Santos, Secretaria Municipal da Cultura, 1998.

SODRÉ, Nelson Werneck. *História da imprensa no Brasil.* Rio de Janeiro, Mauad, 1998.

Sobre os autores

JAVIER ARANCIBIA CONTRERAS atualmente trabalha como repórter policial e participou de duas antologias – *Qüidans* e *Três Reais*. Também escreveu a peça teatral *O Quarto Azul* e co-roteirizou o curta-metragem *O Telepata*, adaptado da crônica homônima de Plínio Marcos.

FRED MAIA, jornalista sindical, participou do movimento de poesia marginal nos anos 70 e é autor do livro *Um rock por nada*. Também trabalhou em projetos com menores de rua em situações de risco no centro de São Paulo.

VINÍCIUS PINHEIRO atuou como jornalista na área de economia e hoje é repórter de cultura. Participou de algumas coletâneas de poesia, entre elas *Qüidans*, e prepara seu primeiro romance.

Agradecimentos

Agradecemos a toda a família de Plínio pelo apoio, paciência e confiança em nosso trabalho. Também agradecemos a todos os nossos familiares, amigos e companheiros, que de uma forma ou de outra contribuíram para que esse livro fosse concebido.

OUTROS LANÇAMENTOS DA BOITEMPO EDITORIAL

O NOME DA MARCA – McDonald's, fetichismo e cultura descartável
Isleide Arruda Fontenelle

O RELATÓRIO LUGANO
Susan George
Tradução de Afonso Teixeira Filho

TROPICALISMO – decadência bonita do samba
Pedro Alexandre Sanches

OS JACOBINOS NEGROS
C.L.R. James
Tradução de Afonso Teixeira Filho

A ECONOMIA COMO ELA É...
Paulo Nogueira Batista Jr.

A SEGUNDA VIA – presente e futuro do Brasil
Roberto Mangabeira Unger

OS SENTIDOS DO TRABALHO – ensaios sobre a afirmação e a negação do trabalho
Ricardo Antunes

O PODER, CADÊ O PODER? – ensaios para uma nova esquerda
Emir Sader

OS DONOS DA VOZ – mundialização da cultura e indústria fonográfica no Brasil
Márcia Tosta Dias

O REVOLUCIONÁRIO CORDIAL – Astrojildo Pereira e as origens de uma política cultural
Martin Cezar Feijó

PARCEIROS DA EXCLUSÃO – duas histórias sobre a construção de uma "nova cidade" em São Paulo
Mariana Fix

ELES ERAM MUITOS CAVALOS
Luiz Ruffato

COM PALMOS MEDIDA – terra, trabalho e conflito na literatura brasileira
Organização de **Flávio Aguiar**; Ilustrações de **Enio Squeff**; Prefácio de **Antonio Candido**

GERAÇÃO 90: MANUSCRITOS DE COMPUTADOR – os melhores contistas brasileiros surgidos no final do século XX
Nelson de Oliveira (org.), **Marçal Aquino, Fernando Bonassi, João Carrascoza, Rubens Figueiredo, Cíntia Moscovich, Luiz Ruffato**, entre outros